KB193649

고흐가 만난 AI

- AI가 만난 13가지 미래 이야기

이 출판물은 한양대학교 교내연구지원 사업으로 연구되었습니다(HY-2021-1862)

프롤로그

AI가 만난 13가지 미래 이야기

우리는 지금 역사의 변곡점에 서 있습니다. 19세기 산업혁명이 세상을 뒤흔들었던 것처럼, 오늘날 우리는 AI 혁명의 한가운데에 있습니다. 이 시대에 무엇보다 중요한 것이 창의성입니다. 창의성은 과거에도 현재에도 미래에도 중요합니다. AI 시대의 창의성은 '사실을 기반으로 상상하여 AI를 진화시키는 것'입니다.

이 책은 AI와의 협업으로 탄생했습니다. 우리가 만나게 될 미래사회 이슈에 대해 '미래에 대한 막연한 두려움'과 '새로움에 대한 기대감'을 여러 가지 에피소드로 만들었습니다.

각 주제에 대한 기본 아이디어와 방향을 제시했고, AI는 아이디어를 확장하고 다듬는 데 도움을 주었습니다. 이 과정은 때로는 도전적이었지만, 동시에 매우 흥미로운 작업이었습니다. AI와 함께 작업하면서, 우리가 직면한 미래의 복잡성과 가능성을 더욱 깊이 이해하게 되었습니다.

우리는 디지털 세상에서 새로운 기술을 두려워하지 않고, 오히려 그것을 자연스럽게 받아들이고 활용해야 합니다. 이 책에서 다루는 13가지 주제들은 단순한 미래 예측이 아닙니다. 이는 우리 세대가 직면하게 될 도전과 기회, 그리고 그들이 만들어갈 새로운 세상에 대한 이야기입니다.

우리는 AI의 발전 속도에 때로는 두려움을 느낍니다. 하지만 동시에 AI는 우리에게 무한한 가능성을 제시합니다. 이 책의 세 번째 에세이 「고흐가 만난 AI」에서처럼, AI는 우리의 창의성을 확장하고 새로운 예술 형태를 탄생시킬 수 있습니다. 또한 기후 변화, 의료, 교육 등 인류의 가장 시급한 문제들에 대한 혁신적인 해결책을 제시할 수 있습니다.

우리가 AI 혁명의 주역이 되기 위해서 AI를 두려워하지 않고, 오히려 이를 도구로 활용하여 더 나은 세상을 만들어갈 것입니다. 이 책의 각 에세이는 우리가 직면할 도전과 기회, 그리고 그들의 혁신적인 접근 방식을 탐구합니다.

우리는 지금 인류 역사상 가장 흥미진진한 시대를 살고 있습니다. AI의 발전은 우리에게 큰 도전을 제시하지만, 동시에 무한한 가능성도 열어줍니다. 이 책을 통해 독자 여러분이 AI와 함께하는 미래를 두려워하지 않고, 오히려 그 가능성에 대해 흥분하고 준비할 수 있기를 바랍니다.

우리 세대와 AI, 그리고 우리 모두가 함께 만들어갈 미래. 그 이야기가 바로 여기, 이 13가지 에세이 속에 담겨 있습니다. 이 책이 여러분에게 새로운 시각과 영감을 줄 수 있기를 희망합니다.

함께 그려갈 우리의 미래를 기대하며

송지성, 방장혁

목차
CONTENTS

01 AI랑 친구했더니 인생 역전

김재훈(45세)은 평소와 다름없이 아침 7시에 일어났다. 15년간의 직장생활로 인해 몸에 밴 습관이었다. 그는 아내 민지(43세)가 준비한 아침 식사를 하며 뉴스 피드를 훑어보았다. 최근 뉴스의 핵심 주제는 언제나 'AI'였다.

'AI 도입으로 기업 생산성 50% 향상'

'새로운 AI 기반 의료 시스템, 암 진단 정확도 99% 달성'

'AI 교사, 학생 만족도 조사 인간 교사 앞질러'

재훈은 무심코 뉴스 피드를 넘겼다. 회사도 최근 AI 시스템 도입을 적극적으로 추진하고 있었지만, 일자리만큼은 안전할 거라 믿었다. 결국 사람이 해야 할 일은 여전히 많을 거라고 생각했다.

"여보, 출근할게."

"오늘도 좋은 하루 보내세요. 잊지 말고 오늘 저녁에 우리 딸 서연이가 온다고 했으니까, 일찍 들어오세요."

서연(23세)은 대학을 갓 졸업하고 취업 준비 중이었다. 요즘 젊은이들의 취업난이 심각하다고 들었지만, 딸만큼은 좋은 직장을 구할 수 있을 거라 확신했다.

회사로 가는 지하철에서 문득 주변을 둘러보았다. 불과 5년 전만 해도 출근길 지하철은 사람들로 북적였었다. 하지만 지금은 한산했다. 대부분의 사무직들이 재택근무를 하게 되면서 나타난 변화였다. 대신 지하철 안에는 각종 서비스 로봇들이 이곳저곳 바삐 움직이고 있었다.

회사에 도착한 재훈은 평소와 다름없이 자신의 자리에 앉았다. 15년간 이 자리에서 회사의 재무 상태를 분석하고, 투자 결정을 하는 재무팀에서 일해왔다. 나름 자부심을 가지고 있었다. 복잡한 숫자의 숲에서 의미있는 패턴을 찾아내는 능력은 회사 내에서도 인정받고 있었다.

그런데 오늘따라 사무실의 분위기가 좀 무거웠다. 동료들의 표정이 굳어있었고, 평소보다 조용했다. 재훈은 불안한 마음을 감추고 컴퓨터를 켰다. 그때였다.

"김 과장님, 잠시 시간 좀 내주시겠습니까?" 인사팀 박 부장이었다. 왠지 표정이 좋지 않았다.

"네, 그럼요."

재훈은 동료들의 뜨거운 시선을 뒤로한 채, 자리에 마주 앉았다. 박 부장이 착잡한 목소리로 입을 열었다. "김 과장님, 정말 죄송합니다. 회사의 결정사항을 전해드려야 할 것 같습니다."

재훈의 심장이 빠르게 뛰기 시작했다. 무슨 말이 나올지 짐작하고 있었다. 제발 재훈만 아니기를 빌었다.

"우리 회사가 새로운 AI 재무분석 시스템을 도입하기로 해서 대규모 구조조정이 불가피해졌습니다. 정말 유감스럽습니다. 김 과장님."

재훈의 귀에 더 이상 박 부장의 말이 들리지 않았다. 세상이 갑자기 멈춘 것만 같았다. 15년, 이 회사에 바친 세월이다. 그동안 능력을 인정받았고, 회사와 함께 성장해왔다고 믿었다. 그런데 이제 그는 'AI'라는 이름의 기계에 밀려나고 있었다.

"정말 죄송합니다. 김 과장님. 하지만 회사의 결정입니다. 퇴직금과 위로금은 최대한…." 박 부장의 말이 계속되었지만, 내 귓가에는 단 하나의 문장만이 맴돌았다.

'

넌 이제 필요 없어.

'

고흐가 만난 AI   12

회의실을 나온 재훈은 멍한 눈으로 사무실을 둘러보았다. 모든 것이 허망했다. 책상, 친숙한 동료들의 얼굴, 창밖으로 보이는 도시의 풍경, 이 모든 것들이 이제는 일상이 아닐 것이다.

재훈은 기계적으로 자신의 물건들을 정리했다. 15년간의 추억이 담긴 물건들을 상자에 담으면서, 마음 한구석이 무너져 내렸다. 동료들이 다가와 위로의 말을 건넸지만, 아무말도 들리지 않았다.

사무실을 나서는 발걸음은 무거웠다. 엘리베이터를 타면서 문득 깨달았다. 이제 '실업자'네.

45세의 나이에, 가장으로서 책임과 의무도 있는데 순식간에 직업을 잃었다. 앞으로 어떻게 살아가야 할지 너무 막막했다.

집으로 돌아가는 길이 오늘따라 낯설게 느껴졌다. 배달 로봇들이 분주히 오가고, 자율주행 버스가 정류장에 멈춰 섰다. 카페에서는 로봇 바리스타가 커피를 만들고 있었고, 은행 앞에는 AI 금융 상담사 홀로그램이 떠 있었다. 불과 몇 년 사이에 세상은 너무나 많이 바뀌어 있었다.

재훈은 이 모든 변화를 언제부터인가 애써 무시해왔다. 자신의 일자리만큼은 안전할 거라고, AI가 자신의 경험과 직관을 대체할 수 없을 거라고 완전 믿었다. 하지만 현실은 달랐다. 세상은 그의 생각보다 훨씬 빠르게 변하고 있었고, 그는 변화에 적응하지 못하고 있었다.

집 앞에 도착한 재훈은 한동안 현관문 앞에 서 있었다. 아내에게 어떻게 말해야 할지, 딸 서연에게는 뭐라고 해야 할지, 가장으로서의 책임감, 남편으로서의 자존심, 아버지로서의 위엄, 이 모든 것들이 한순간에 무너진 것만 같았다. 그때, 스마트폰이 울렸다. 발신자를 보니 낯선 번호였다.

"여보세요?"

"안녕하세요, 김재훈님.
저는 고용지원센터의 AI 상담사
'호프'입니다. 오늘 있었던 일에 대해 들었습니다. 힘든 시기를 겪고 계신 것 같아 연락드렸습니다."

재훈은 잠시 말을 잇지 못했다. AI가 실직 소식을 어떻게 알았을까? 왜 나에게 연락을 한 걸까? 아이러니했다. 나를 실직자로 만든 것도 AI고, 도움의 손길을 내민 것도 AI였다.

"저…, 그렇군요."

"재훈님, 지금 얼마나 힘들고 고통스러운지 이해합니다. 하지만 이것이 끝이 아니라는 점을 꼭 기억해주세요. 새로운 시작을 위한 기회가 있습니다."

재훈은 쓸쓸하게 웃었다. AI가 어떻게 현재 내 감정을 이해할 수 있을까? 그냥 생각없이 계속 들었다.

"저희 센터에서 내일 오전 10시에 'AI 시대의 새로운 직업 탐색' 워크샵이 있습니다. 참석해보시는 게 어떨까요? 새로운 가능성을 발견하실 수 있을 겁니다."

재훈은 잠시 망설였지만 달리 선택지가 없었다. 깊은 한숨을 내쉬면서 "…알겠습니다. 가보겠습니다."

"훌륭한 결정이십니다. 재훈님, 내일 뵙겠습니다. 좋은 하루 되세요."

통화가 끝나고 한동안 폰을 쳐다보았다. AI와 대화는 의외로 자연스러웠다. 오히려 인간 상담사보다 더 침착하고 객관적으로 상황을 설명해 주는 것 같았다. 재훈은 깊은 숨을 한번 들이쉰 후, 현관문을 열었다. 안에서는 저녁 식사를 준비하는 소리가 들렸다.

"여보, 오셨어요?" 아내의 목소리가 들려왔다. 재훈은 잠시 망설였다. 하지만 이 상황을 숨길 수는 없었다. 그는 거실로 들어섰다.

"여보, 우리 좀 얘기해야 할 것 같아."

"무슨 일이에요?"

"나… 회사에서 잘렸어."

"뭐라고요? 어떻게…"

"AI 때문이야."

"우리 회사가 새로운 AI 시스템을 도입했는데, 내일을 대체하게 됐거든."

아내는 잠시 말을 잇지 못했다. "오, 여보…, 많이 힘들죠. 정말 미안해요." 아내의 따뜻한 손길에 눈시울이 붉어졌다. 애써 감정을 누르며 말했다.

"어떻게 해야 할지 모르겠어, 여보, 내가… 내가 무능해서…"

"여보, 그렇게 생각하지 마세요. 이건 당신의 잘못이 아니에요. 세상이 너무 빨리 변하고 있는 거예요."

"하지만 난 그 변화를 따라가지 못했어. 내가 더 노력했어야 했는데…"

"

여보, 지금부터라도 늦지 않았어요.
우리가 함께 이겨낼 수 있어요.

"

아내는 재훈의 어깨를 감싸 안았다. 그때, 현관문이 열리는 소리가 들렸다. "엄마, 아빠! 저 왔어요!" 서연이었다. 그들은 서로를 바라보았다. 딸에게 이 상황을 어떻게 설명해야 할지 잠시 망설여졌다. 그녀는 부모님의 심각한 표정을 보고 즉시 분위기를 감지했다.

"무슨 일 있어요?" 재훈은 깊은 숨을 내쉬고 상황을 설명했다. "아빠…"

"정말 힘들었겠어요.
하지만 아빠, 이게 끝이 아니에요.
새로운 시작일 뿐이에요."

"새로운 시작이라니"

"사실 제가 요즘 AI와 인간의 협업에 대해 공부하고 있어요. 많은 회사들이 AI를 도입하고 있지만, AI와 협력할 수 있는 인간 전문가를 찾고 있어요."

"그게 무슨 말이니, 서연아?"

"AI는 데이터를 분석하고 패턴을 찾는 데는 뛰어나지만, 인간이 가지고 있는 직관과 경험, 윤리적 판단은 여전히 필요해요. 아빠의 15년 경력이 오히려 큰 강점이 될 수 있어요."

재훈은 딸의 말을 곱씹어보았다. 그동안 AI를 위협으로만 여겼지, 함께 일할 수 있는 도구로 생각해 본 적이 없었다.

"그런데 어떻게 시작해야 할지 모르겠구나."

"걱정 마세요, 제가 알아본 바로는 고용지원센터에서 AI 시대에 맞는 새로운 직업 교육 프로그램을 운영하고 있어요. 한번 참여해보는 게 어떨까요?"

"그러고 보니, 아까 고용지원센터에서 연락이 왔었어. 내일 'AI 시대의 새로운 직업 탐색' 워크숍이 있대."

"와, 정말 좋은 기회네요! 여보, 꼭 가보세요."

"네, 아빠. 이건 정말 좋은 시작이 될 거예요."

재훈은 그날 처음으로 미소를 지었다. 가족의 지지 덕분에 마음에 작은 희망의 불씨가 피어나기 시작했다.

"그래, 가보자. 새로운 시작을 해보자."

그날 밤, 재훈은 오랜만에 편안한 마음으로 잠자리에 들었다. 내일은 어떤 일이 기다리고 있을지 모르지만, 최소한 혼자가 아니라는 것을 알았다. 가족의 사랑과 지지가 변화에 대한 용기를 갖게 했다.

다음날 아침, 일찍 일어나 정성껏 차려입었다. 오랜만에 입어보는 정장이 어색하게 느껴졌지만, 그는 옷이 주는 자신감이 필요했다.

"여보, 파이팅이에요."

"아빠, 잘 다녀오세요. 기대하고 있을게요!"

재훈은 숨을 크게 쉬고 집을 나섰다. 고용지원센터로 가는 길이 어제와는 다르게 보였다.

'어제는 위협으로만 보였던 AI와 로봇
이 오늘은 새로운 가능으로 다가왔다.'

센터에 도착하자 놀랍게도 그와 비슷한 처지의 사람들로 붐
볐다. 다양한 연령대의 사람들이 모여 있었지만, 그들의 눈빛
은 모두 비슷했다. 불안과 기대가 뒤섞인 복잡한 감정이었다.

"안녕하세요, 김재훈님."

내가 접수대에 다가가자 친절한 목소리가 들렸다. 고개를
들어보니 홀로그램으로 구현된 AI 비서가 재훈을 반기고 있었
다.

"아, 네, 안녕하세요."

"저는 이 센터의 AI 안내원 '조이'입니다. 오늘 'AI 시대의 새
로운 직업 탐색' 워크샵에 참석하러 오셨죠? 3층 세미나실로
안내해 드리겠습니다."

재훈은 조이의 안내를 따라 엘리베이터에 올랐다. 3층에 도
착하자 넓은 세미나실이 보였다. 이미 많은 사람들이 자리에
앉아 있었다.

내가 빈자리를 찾아 앉자마자 단상 위로 한 여성이 올라섰

다. 그녀의 밝은 미소가 실내를 환하게 만들었다.

"안녕하세요, 여러분. 저는 이 센터의 인간-AI 협력 전문가 박서연입니다."

재훈은 귀를 기울였다. 이제 새로운 시작이 눈앞에 펼쳐지고 있었다. 박서연은 청중을 둘러보며 말을 이어갔다.

"여러분, 지금 느끼시는 불안과 분노, 충분히 이해합니다. 저 역시 5년 전 AI로 인해 일자리를 잃었거든요."

참석자들 사이에 작은 술렁임이 일었다. 재훈은 눈을 크게 뜨고 박서연을 바라보았다. 말에서 진정성이 느껴졌다.

"하지만 오늘 제가 여러분께 말씀드리고 싶은 건, 이것이 끝이 아니라는 겁니다. 새로운 시작일 뿐이죠."

서연은 이어서 AI 시대에 부상하고 있는 새로운 직업들에 대해 소개했다. AI 트레이너, AI 윤리 감사관, 데이터 형상화 전문가, 기술-인간 인터페이스 디자이너 등 재훈은 한번도 들어본 적 없는 직업명들이 줄줄이 이어졌다.

"가장 중요한 건, AI는 우리의 경쟁자가 아니라는 겁니다. AI는 우리의 능력을 확장시켜주는 도구입니다. 우리가 해야 할 일은 AI와 협력하는 법을 배워야 한다는 거죠."

재훈은 필사적으로 메모를 해나갔다. 마음속에서는 불안과 기대가 교차했다. 이 모든 것이 가능할까? 45세의 나이에 완전히 새로운 분야를 배울 수 있을까?

강연이 끝나고 질의응답 시간이 시작되었다. 여기저기서 손이 올라갔다. 재훈도 용기를 내어 손을 들었다.

"네, 뒤쪽 남성분 말씀해 주세요."

재훈은 떨리는 목소리로 물었다. "저는 15년 동안 재무 분석가로 일해왔습니다. 제 나이에, 제 경력으로, 새로운 시작이 가능할까요?"

"물론입니다. 오히려 당신의 경험이 큰 자산이 될 거예요. 예를 들어, AI 기반 재무 분석 시스템을 개발하는 팀에서 당신의 전문 지식은 매우 귀중할 겁니다. AI는 데이터를 처리하지만, 그 데이터의 의미를 해석하고 실제 비즈니스에 적용하는 것은 여전히 인간의 몫이니까요."

순간 눈이 번쩍 뜨였다. 처음으로 자신의 경험이 새로운 시대에도 가치 있을 수 있다는 희망을 보았다. 강연이 끝나고 "박 선생님, 정말 좋은 강의였습니다. 제가 좀 더 자세히 여쭤봐도 될까요?"

"물론이죠. 무엇이 궁금하세요?"

"제가 구체적으로 어떤 과정을 거쳐야 새로운 직업을 가질 수 있을까요?"

"음, 재훈 씨의 경우 'AI-인간 협력 프로그램'을 추천드리고 싶네요. 이 과정에서 당신의 재무 전문 지식을 AI에게 '가르치는' 법을 배우게 될 거예요. 동시에 AI의 데이터 분석 결과를 해석하고 이를 실제 비즈니스 결정에 적용하는 방법도 학습하게 됩니다."

"제가 AI를 가르친다고요?"

"네, 맞아요. AI도 학습이 필요하거든요. 그 학습 과정에 인간 전문가의 지식과 경험이 필수적입니다."

　재훈은 잠시 생각에 잠겼다. 마음속에서 불안과 기대가 뒤섞였다. 하지만 이제 새로운 도전을 해보기로 결심했다.
　"알겠습니다. 프로그램에 참여하고 싶습니다."
　"훌륭한 결정이세요! 다음 주부터 시작하는 과정이 있는데, 등록해 드릴까요?"
　"네, 그렇게 해주세요."

　그날 저녁, 오랜만에 설레는 마음으로 집으로 돌아왔다.
　"어떠셨어요, 여보?"
　"생각보다 훨씬 좋았어. 새로운 도전을 해보기로 했어."

　그는 오늘 있었던 일들을 상세히 설명했다. 아내와 서연은 내 이야기를 열심히 들어 주었다.
　"아빠, 정말 대단해요!"

“

AI와 협력하는 전문가라니,
정말 멋진 일이에요.

”

"여보, 당신이 해낼 수 있을 거라고 믿어요. 우리가 함께 할 게요."

재훈은 가족의 지지에 눈시울이 붉어졌다. 변화는 두렵지만, 변화 속에서 새로운 기회를 찾을 수 있다는 생각이 들었다.

다음 주 월요일, 재훈은 'AI-인간 협력 프로그램'의 첫 수업에 참석했다. 교실에는 그와 비슷한 처지의 다양한 배경을 가진 사람들이 모여 있었다. 강사가 입을 열었다.

"여러분, 오늘부터 우리는 AI와 함께 일하는 법을 배우게 될 겁니다. 이것은 단순한 기술 학습이 아닙니다. 우리는 새로운 시대의 선구자가 되는 거죠."

재훈은 깊은 숨을 들이마셨다. 두 번째 인생이 시작되는 순간이었다. 3개월 후, 'AI-인간 협력 재무 전문가'라는 새로운 직함으로 한 스타트업에 취업했다. 내 역할은 재무 AI의 판단을 검증하고, AI가 고려하지 못하는 인간적, 윤리적 요소들을 의사결정 과정에 반영하는 것이었다. 출근 첫 날, 새로운 동료인 AI '피나'를 만났다.

"안녕하세요, 김재훈님. 저는 재무 분석 AI 피나입니다. 앞으로 잘 부탁드립니다."

"반갑습니다, 피나. 우린 좋은 팀이 될 것 같네요."

재훈은 이제 두려움 대신 기대감을 느꼈다. AI와 함께하는 새로운 시대, 그 시대의 주인공은 바로 자신이라는 걸 깨달았기 때문이다.

그날 저녁, 가족과 함께 식사를 하며 오늘 있었던 일들을 이야기했다.

"여보, 정말 자랑스러워요."

"아빠, 정말 멋져요! 저도 나중에 아빠처럼 AI와 협력하는 일을 하고 싶어요."

변화는 두려운 것이 아니라 기회라는 것을. 그 기회를 잡기 위해서는 끊임없이 학습하고 적응해야 한다는 것을. 그는 알고 있었다.

"

그래, 우리 모두 함께 이 새로운
시대를 만들어가자.

"

가족들은 서로를 바라보며 환하게 웃었다. 그들의 눈빛 속에는 희망찬 미래에 대한 기대가 가득했다. 그렇게 재훈의 새로운 인생이, AI와 인간이 공존하는 새로운 시대가 시작되고 있었다.

재훈의 새로운 삶은 예상보다 더 빠르게 변화했다. AI '피나'와의 협업은 그에게 매일 새로운 도전과 깨달음을 안겨주었다.

어느 날, 회사의 중요한 투자 결정을 앞두고 재훈과 피나는 의견 충돌을 겪었다. 피나는 빅데이터 분석을 바탕으로 공격적인 투자를 제안했지만, 재훈은 직관적으로 위험을 느꼈다.

"피나, 데이터만으로는 설명할 수 없는 요소들이 있어."

"하지만 재훈님, 제 분석에 따르면 이 투자의 성공 확률은 87.6%입니다."

재훈은 한번 더 신중하게 생각했다. 피나의 분석을 무시할 수 없었지만, 재훈의 경험에서 오는 직감도 중요하다고 믿고 있었다.

"피나, 우리 함께 이 데이터를 다시 한번 검토해보자. 내가 걱정하는 부분을 설명해줄 테니, 그 관점에서 다시 분석해줄 수 있겠어?"

"알겠습니다. 재훈님, 새로운 관점을 고려해 재분석하겠습니다."

몇 시간 후, 피나는 새로운 결과를 내놓았다. "재훈님의 의견을 고려한 결과, 투자 위험도가 예상보다 높다는 것을 확인했습니다. 귀하의 경험적 직관이 중요한 변수를 포착했네요."

재훈은 살짝 미소를 지었다. 이것이 바로 인간과 AI의 협업이 가져올 수 있는 시너지였다. 이 사건 이후, 회사는 더욱 빠르게 성장했다. 인간의 직관과 AI의 데이터 분석 능력이 결합된 의사결정은 놀라운 결과를 만들어냈다. 재훈의 역할은 점점 더 커져갔다. 6개월 후, 'AI-인간 협업 컨설팅' 부서의 책임자로 승진했다. 재훈의 경험은 다른 기업들에도 귀중한 본보기가 되었다.

어느 날, 옛 직장에서 강연 요청을 받았다. 처음에는 망설였지만, 용기를 내어 수락했다.

강연장에 들어서자 익숙한 얼굴들이 보였다. 재훈을 해고했던 인사팀장도 있었다.

"여러분, 제가 이 자리에 다시 서게 될 줄은 몰랐습니다. 6개월 전, 저는 AI에 의해 대체되어 이 회사를 떠났습니다. 그때 저는 세상이 끝난 것만 같았죠."

"하지만 지금 저는 압니다. 그것은 끝이 아니라 새로운 시작이었다는 것을. AI 는 우리의 적이 아닙니다. 오히려 우리 의 능력을 확장시켜주는 강력한 파트너 입니다."

재훈은 자신의 경험을 상세히 공유했다. AI와의 협업이 어떻게 더 나은 결정을 이끌어내는지, 인간의 직관과 경험이 왜 여전히 중요한지에 대해 설명했다.

강연이 끝나고 많은 사람들이 질문을 쏟아냈다. 그 중에는 젊은 직원들도 있었고, 재훈을 해고했던 인사팀장도 있었다.

"김 과장, 아니, 이제는 김 부장님이군요." 인사팀장이 웃으며 말했다. "정말 대단하십니다. 우리가 실수를 했던 것 같아요."

"아닙니다. 그때 결정이 없었다면 지금 전 이자리에 없을 겁니다. 모든 것이 우리를 성장시키는 과정이었던 것 같습니다." 변화는 두려운 것이 아니라 성장의 기회이고, 변화 속에서 자신의 가치를 재발견할 수 있음에 가슴이 벅차올랐다.

집에 돌아와보니 아내와 서연이 기다리고 있었다.

"어떠셨어요, 여보?"

"정말 놀라운 경험이었어. 내가 이렇게 변할 수 있을 줄이야."

"아빠, 정말 자랑스러워요!"

그날 밤, 재훈은 일기를 썼다. 오늘, 재훈은 깨달았다. '우리는 AI 시대의 첫 세대다. 우리에겐 두 가지 선택이 있다. 변화를 두려워하며 뒤처지거나, 아니면 변화를 받아들이고 함께 성장하거나.' 재훈은 후자를 선택했고, 그것이 재훈의 인생을 바꾸었다.

앞으로 어떤 변화가 올지 모른다. 하지만 이제 재훈은 두렵지 않다. 왜냐하면 재훈은 모든 변화는 새로운 기회라는 것을 알고 있다.

노트북을 덮고 창밖을 바라보았다. 도시의 불빛이 반짝이고 있었다. 그 불빛들 속에서 이제 두려움 대신 희망을 보았다. AI와 함께하는 새로운 시대, 그 시대의 주인공은 바로 자신이라는 걸 깨달았다.

재훈의 성공 사례는 빠르게 퍼져나갔다. 재훈의 이야기는 AI로 인해 일자리를 잃은 많은 사람들에게 희망이 되었다. 재훈이 경험을 나누고자 블로그를 시작했고, 곧 전국적인 관심을 받게 되었다.

어느 날, 국회의 AI 정책 청문회에 전문가로 초청받았다. 처음에는 망설였지만, 이것이 사회에 기여할 수 있는 좋은 기회라고 생각하고 수락했다.

청문회장에 들어서자 카메라 플래시가 터졌다. 재훈은 긴장된 마음으로 자리에 앉았다. 의원 중 한 명이 "김재훈 씨, 당신의 경험은 매우 흥미롭습니다. AI로 인해 일자리를 잃었다가 오히려 AI와의 협업으로 더 큰 성공을 이뤘다고 하셨는데, 이런 전환이 모든 사람에게 가능하다고 보십니까?."

"모든 사람에게 똑같은 방식으로 가능하다고 말씀드리기는 어렵습니다. 하지만 우리 모두에게 잠재력은 있습니다. 중요한 것은 정부와 기업, 그리고 개인이 함께 노력해야 한다는 점입니다" 그는 계속해서 말을 이어갔다.

"우리는 AI를 두려워할 것이 아니라, 그 것을 어떻게 활용해야 할 지 배워야 합 니다. 정부는 재교육 프로그램을 확대 하고, 기업은 AI와 인간의 협업 모델을 개발해야 합니다. 그리고 개인은 끊임 없이 학습하고 적응하려는 의지를 가져 야 합니다."

청문회는 6시간 동안 계속되었다. 재훈은 경험과 생각을 상세히 설명했고, 다양한 질문에 성실히 답변했다. 재훈의 증언은 많은 사람들에게 깊은 인상을 남겼다. 청문회가 끝나고 나오는 길에 젊은 기자가 다가왔다.

"김재훈 씨, 정말 인상적인 증언이었습니다. 한 가지 여쭤보고 싶은데요. AI 시대를 살아가는 젊은이들에게 어떤 조언을 해주고 싶으신가요?."

"두려워하지 마세요. 변화는 항상 기회를 동반합니다. AI를 적으로 여기지 말고 파트너로 생각하세요. 그리고 가장 중요한 것은, 여러분의 고유한 인간성을 잃지 말아야 한다는 겁니다. 창의성, 공감능력, 비판적 사고…, 이런 것들은 AI가 쉽게 대체할 수 없는 우리의 강점입니다."

그날 밤, 재훈은 피곤했지만 가슴이 뿌듯했다. 자신의 경험이 사회에 작은 변화라도 가져올 수 있기를 희망했다.

며칠 후, 뜻밖의 전화를 받았다. 정부의 AI 정책 자문단에 참여해달라는 요청이었다.

"여보, 어떻게 생각하오?"

"해보세요. 당신의 경험이 우리 사회에 큰 도움이 될 거예요."

"그래요. 나 혼자만의 성공이 아니라, 모두가 함께 성장할 수 있는 방법을 찾아야겠소."

그렇게 재훈의 새로운 도전이 시작되었다. 이제 개인의 성공을 넘어 사회 전체의 발전을 위해 노력하게 되었다. AI와 인간이 조화롭게 공존하는 미래를 만들기 위해, 자신의 모든 경험과 지식을 쏟아붓기로 결심했다.

한편, 서연도 아버지의 영향을 받아 AI와 인간의 협업에 대해 깊이 공부하기 시작했다. 그녀는 대학에서 'AI 윤리학'이라는 새로운 전공을 선택했다.

"아빠, 저도 아빠처럼 AI와 인간이 더 나은 세상을 만들 수 있도록 돕고 싶어요."

"그래! 우리 함께 더 나은 미래를
만들어가자!"

그날 밤, 창밖을 바라보며 생각에 잠겼다. 5년 전 일자리를 잃었을 때, 세상이 끝난 줄 알았다. 미래는 불확실하지만, 이제 두렵지 않았다. 왜냐하면 재훈은 알고 있었다. 변화는 항상 새로운 기회를 가져온다는 것을. 그 기회를 잡을 준비가 되어 있다는 것을.

"
내일은 또 어떤 변화가 올까?
"

재훈은 중얼거렸다. 목소리에는 기대감이 가득했다. AI와 함께하는 새로운 시대, 그 시대의 주인공으로 살아가는 것. 그것이 바로 재훈과 우리 모두의 새로운 도전이 될 것이다.

AI와 인간이 함께 만들어갈 미래, 그 여정은 이제 막 시작되었다.

02 로봇이 왕이 될 뻔한 날, 우린 친구가 됐다

민수의 하루는 언제나 그렇듯 AI 비서 '루나'의 상냥한 목소리로 시작되었다.

"민수님, 좋은 아침이에요. 현재 시각은 7시 30분, 오늘의 날씨는 맑음, 기온은 23도입니다. 어젯밤 심박수가 약간 불안정했는데, 괜찮으세요?"

"응, 괜찮아. 야식을 먹어서 그런가 봐."

"알겠습니다. 그럼 오늘 아침 식단은 가볍게 드실 수 있게 해 드릴게요. 샐러드와 과일 스무디 어떠세요?"

"좋아, 고마워 루나."

민수는 침대에서 일어나 창문을 열었다. 2035년 서울의 아침 공기는 15년 전과는 사뭇 달랐다. 미세먼지 걱정 없이 맑은 하늘을 볼 수 있다는 것이 얼마나 감사한 일인지 모른다. 하지만 뭔가 불편한 느낌도 있었다. 마치 누군가가 항상 자신을 지켜보고 있는 것 같은 기분이 드는 것이다.

아침 식사를 마치고 회사로 가기 위해 민수는 지하철을 탔다. 개찰구를 지나는 순간 스마트폰이 울렸다.

"오늘 아침 운동을 건너뛰셨네요. 걱정 마세요, 지하철역에서 회사까지 걸어가시면 하루 권장 운동량의 30%를 채우실 수 있어요!"

민수는 피식 웃었다. 헬스케어 앱의 알림이었다. 이런 세심한 관리 덕분에 건강은 확실히 좋아졌지만, 때로는 자신의 모든 행동이 분석되는 게 불편하기도 했다.

회사에 도착한 민수는 곧바로 회의실로 향했다. 오늘은 중요한 프로젝트 발표가 있는 날이었다. 그의 팀은 새로운 '개인 마케팅 시스템'을 개발 중이었다. 이 시스템은 사용자의 온라인 활동, 구매 이력, 심지어 실시간 감정 상태까지 분석해 최적의 광고를 제공하는 것이 목표였다.

"자, 여러분." 민수가 발표를 시작했다.

"우리의 새 시스템 '옴니사이트'는 정확도 99.9%를 자랑합니다. 사용자가 무엇을 원하는지, 심지어 사용자 자신도 모르는 욕구까지 파악할 수 있죠."

동료들이 박수를 쳤다. 구석에서 조용히 앉아있던 윤서가 손을 들었다.

"민수 씨, 질문 있어요. 이렇게 개인의 모든 정보를 수집하고 분석하는 게 과연 윤리적으로 옳은 걸까요? 개인의 프라이버시는 어떻게 보호되는 거죠?"

"좋은 지적이에요. 우리는 물론 개인정보 보호법을 철저히 준수하고 있습니다. 모든 데이터는 암호화되어 안전하게 보관되고 있고, 사용자 동의 없이는 절대 제3자에게 공유되지 않아요."

회의가 끝나자 "윤서 씨, 혹시 점심 먹으면서 이야기 좀 할까요?"라고 민수가 물었다.

"그래요, 좋아요."

두 사람은 회사 근처 조용한 식당으로 향했다. 주문을 하고 기다리는 동안, 민수가 먼저 입을 열었다.

"윤서 씨, 아까 회의에서 하신 질문에 대해 좀 더 자세히 듣고 싶어요. 옴니사이트에 대해 어떤 문제점이 있나요?"

"솔직히 말해서 민수 씨. 저는 이 시스템이 너무 강력하다고 생각하지만 오히려 개인의 모든 것을 알 수 있다는 게 위험하고, 정보가 악용될 가능성은 없을까요?"

"음, 그 점에 대해서는 저희도 많이 고민했어요. 하지만 이 기술은 결국 사람들의 삶을 더 편리하고 풍요롭게 만들 거예요. 예를 들어, 건강 관리나 교육 분야에서 혁명적인 변화를 가져올 수 있죠."

"하지만 그 '편리함'이라는 게 결국 우리의 선택권을 빼앗는 건 아닐까요? 알고리즘이 모든 선택을 대신하게 되면, 우리는 그저 기계의 명령을 따르는 존재가 되는 거 아닌가요?"

그들의 대화는 음식이 나오고 나서도 계속되었다. 민수는 점점 윤서의 우려에 공감하기 시작했다. 그는 자신이 개발한 시스템이 잠재적으로 위험할 수도 있다는 걸 깨닫게 되었다.

식사를 마치고 회사로 들어가면서도 민수의 머릿속은 복잡했다. 그때 스마트폰이 울렸다.

"민수님, 방금 점심 식사는 평소보다 300칼로리를 더 섭취

하셨어요. 오후에 가벼운 운동을 추천드립니다."

민수는 한숨을 쉬며 폰을 주머니에 넣었다. '왜 이렇게 모든 것이 감시받는 것 같은 기분이 드는 걸까?'

그날 저녁, 퇴근하다가 민수는 우연히 길거리 시위를 목격했다.

'디지털 감시를 멈춰라',

'우리의 프라이버시를 돌려달라'

호기심에 이끌려 시위대에 다가간 민수는 젊은 여성의 연설을 듣게 되었다.

"우리는 편리함이라는 미명 하에 우리의 자유를 포기하고 있습니다! 빅데이터와 AI가 우리의 모든 것을 알고 있다고 생각해 보세요. 그들은 취향, 습관, 심지어 우리가 아직 깨닫지 못한 욕구까지 알고 있죠. 이게 과연 건강한 사회의 모습일까요?"

민수는 그 자리에 한동안 서 있었다. 연설자의 말이 그의 마음에 깊은 울림을 주었다.

집으로 돌아온 민수는 텔레비전을 켰다. 뉴스에서는 최근 발생한 대규모 개인정보 유출 사건에 대해 보도하고 있었다.

"해커들이 옴니코프의 데이터베이스에 침입해 수백만 명의 개인정보를 유출한 것으로 밝혀졌습니다. 유출된 정보에는 개인의 위치 정보, 건강 기록, 금융 거래 내역 등이 포함되어 그 피해가 심각할 것으로…."

민수는 깜짝 놀랐다. 옴니코프는 가장 큰 경쟁사였다. 그들도 옴니사이트와 비슷한 시스템을 개발 중이라는 소문이 있었다. 그는 급히 윤서에게 전화를 걸었다.

"윤서 씨, 뉴스 보셨어요?"

"네, 방금 봤어요. 정말 끔찍하네요."

"우리 시스템은 괜찮을까요? 옴니사이트도 이런 위험에 노출될 수 있을까요?"

"솔직히 말해서, 민수 씨. 어떤 시스템도 100% 안전할 순 없어요. 우리가 더 많은 데이터를 수집할수록, 그 위험성은 더 커질 거예요."

통화를 마친 후, 민수는 깊은 고민에 빠졌다. 그는 자신이 개발한 시스템이 과연 옳은 것인지 의문이 들기 시작했다.

'

편리함과 프라이버시, 기술 발전과 윤리적 가치
사이에서 우리는 어떤 선택을 해야 할까?

'

다음 날 아침, 민수는 회사에 일찍 출근했다. 그래서 곧바로 팀원들을 소집했다.

"여러분, 옴니사이트 프로젝트에 대해 중요한 논의를 해야 할 것 같습니다. 어제 옴니코프의 데이터 유출 사건을 다들 보

셨을 거예요. 이번 일을 계기로 우리 시스템의 안전성과 윤리
성에 대해 다시 한번 생각해 봐야 할 것 같아요."

"팀장님은 어떤 생각이세요?"

"저는 옴니사이트의 개발을 전면 재검토해야 한다고 생각합
니다. 우리가 수집하는 데이터의 범위를 줄이고, 사용자들에게
더 많은 통제권을 줘야 해요. 그리고 무엇보다, 우리 시스템이
윤리적 기준을 충족하는지 철저히 검증해야 합니다."

회의실이 술렁였다. 어떤 이들은 동의를 했고, 어떤 이들은
우려의 목소리를 냈다. 윤서는 "저는 민수 씨의 의견에 전적으
로 동의합니다. 이건 우리 회사의 미래를 위해서도 중요한 결
정이 될 거예요."

토론은 몇 시간 동안 지속되었다. 결국 팀은 옴니사이트의
재설계에 합의했다.

새로운 버전은 사용자의 프라이버시를 최우선으로 고려하고, 데이
터 수집과 사용에 대한 완전한 투명성을 제공하기로 했다.

그날 저녁, 민수는 가벼운 마음으로 퇴근했다. 며칠 전 보았던 시위대가 있던 장소를 지나게 되었는데, 이번에는 시위 대신 열띤 토론이 벌어지고 있었다. 호기심에 이끌려 그들에게 다가갔다. "안녕하세요, 혹시 무슨 모임인가요?"

청년이 "안녕하세요. 저희는 '디지털시민연대'라고 해요. 데이터 프라이버시와 디지털 윤리에 대해 토론하고 있어요. 관심 있으시면 함께 하실래요?"

"네, 좋습니다."

그는 원 안으로 들어가 자리를 잡았다. 토론은 이미 한창이었다. 한 여성이 열정적으로 말하고 있었다.

"문제는 우리가 너무 쉽게 우리의 데이터를 넘겨준다는 거예요. 잠깐의 편리함을 위해 프라이버시를 포기하고 있는 거죠."

"하지만 그 '편리함'이 때로는 생명을 구하기도 해요. 의료 분야에서 빅데이터의 활용은 정말 중요합니다."

듣고 있던 민수가 "의견을 말씀드려도 될까요? 저는 데이터 분석 회사에서 일하고 있어요. 최근에 우리 팀이 개발 중이던 시스템을 전면 수정하기로 했죠. 개인정보 보호를 더 강화하는 방향으로요."

"와, 정말요?"

"어떤 계기가 있었나요?"

"여러 가지가 있었어요. 동료의 날카로운 지적, 최근의 데이터 유출 사건…, 무엇보다 제가 개발한 시스템이 악용될 수 있다는 두려움이었죠."

토론은 더욱 활기를 띠었다. 참가자들은 기업의 책임, 정부의 역할 그리고 개인의 디지털 리터러시(개인의 전반적인 역량) 향상 필요성 등 다양한 주제를 논의했다.

시간 가는 줄 모르고 토론을 하다보니 어느새 밤이 깊었다. 민수는 오늘의 토론이 자신에게 새로운 방향을 제시해주었다는 것을 깨달았다.

집으로 돌아가는 길에 "루나, 우리가 수집하는 내 데이터의 종류와 양을 좀 볼 수 있을까?"

"물론이에요, 민수님. 현재 저는 귀하의 위치 정보, 건강 데이터, 소비 패턴, 검색 기록 등을 수집하고 있어요. 자세한 내용을 보여드릴까요?"

민수는 깜짝 놀랐다. 루나가 이렇게 많은 정보를 가지고 있다는 사실을 미처 인식하지 못하고 있었다.

"루나, 이 데이터들을 좀 줄일 수 있을까? 그리고 앞으로는 데이터를 수집할 때마다 내 허락을 받아줘."

"알겠습니다, 민수님. 설정을 변경해드렸어요. 앞으로는 데이터 수집 전에 항상 동의를 구하도록 하겠습니다."

다음 날 아침, 민수는 새로운 결심을 하면서 회사에 출근했
다. 그는 옴니사이트의 재설계 뿐만 아니라, 회사의 전반적인
데이터 정책을 검토하고 싶었다. 사무실에 도착하자마자 윤서
를 찾았다.

"윤서 씨, 잠깐 시간 있어요? 제안하고 싶은 게 있어요."

"어제 우연히 시민 단체의 토론에 참석했어요. 거기서 많은
것을 배웠죠. 우리가 옴니사이트를 재설계하는 김에 회사 전체
의 데이터 정책을 검토해보는 건 어떨까요? 더 투명하고 윤리
적인 기업이 될 수 있도록요."

"정말 좋은 생각이에요! 저도 돕고 싶어요."

두 사람은 곧바로 기획안을 작성하기 시작했다. 내용은 다
음과 같다.

1. 데이터 최소화 원칙: 필요한 데이터만 수집하고 저장한다.

2. 사용자 동의 강화: 모든 데이터 수집 및 사용에 대해 명확한
   동의를 받는다.

3. 투명성 제고: 회사가 어떤 데이터를 어떻게 사용하는지 상
   세히 공개한다.

4. 데이터 삭제권 보장: 사용자가 원할 때 언제든 자신의 데이

터를 완전히 삭제할 수 있도록 한다.

5. 정기적인 윤리 감사: 외부 전문가를 통해 회사의 데이터 관행을 정기적으로 검토한다.

기획안을 완성한 후, 민수와 윤서는 경영진과의 미팅을 요청했다. 처음에 경영진은 이러한 변화가 회사의 경쟁력을 약화시킬 수 있다는 우려를 표했다.

"하지만 이사님. 이런 변화야말로 우리 회사의 새로운 경쟁력이 될 수 있습니다. 소비자들의 데이터 프라이버시에 대한 관심이 높아지고 있어요. 우리가 앞장서서 변화를 이끈다면, 오히려 시장에서 더 큰 신뢰를 얻을 수 있을 거예요."

긴 설득 끝에 마침내 경영진도 동의했다. 회사는 '윤리적 데이터 사용'을 새로운 핵심 가치로 삼고, 이를 실천하기 위한 대대적인 변화를 꾀했다. 이 결정은 업계에 큰 파장을 일으켰다. 처음에는 회의적인 반응도 있었지만, 점차 다른 기업들도 동참하기 시작했다.

몇 달 후, 민수의 회사는 '가장 윤리적인 데이터 기업' 상을 수상하게 되었다. 시상식에서 민수는 수상 소감을 말했다.

"우리는 기술의 발전과 개인의 권리 사이에서 균형을 찾아야 합니다.

데이터는 21세기의 새로운 석유라고 하지만, 그것이 누군가의 삶을 침해하는 대가로 얻어져서는 안 됩니다. 우리는 앞으로도 끊임없이 고민하고 발전해 나갈 것입니다."

시상식이 끝나고 집으로 돌아가는 길에 민수는 문득 하늘을 올려다보았다. 서울의 밤하늘은 여전히 수많은 빛으로 가득했지만 이제 그 빛들이 예전과는 조금 다르게 보였다. 그것은 더 이상 감시와 통제의 상징이 아니었다. 오히려 인간의 존엄성과 자유, 기술의 진보가 조화롭게 공존하는 새로운 시대의 서막 같았다.

민수는 주머니에서 스마트폰을 꺼냈다. 망설이다가 "루나, 내일의 일정 좀 알려줄래?"

"네, 민수님. 내일은 오전 10시에 신입 사원 교육이 있습니다. 주제는 '윤리적 데이터 사용'이에요. 그리고 오후 2시에는 시민단체와 간담회가 예정되어 있습니다."

"고마워, 루나. 아! 그리고 루나…

넌 단순한 AI가 아니라 내 파트너라고 생각해. 앞으로도 함께 더 나은 세상을 만들어가자."

"네, 민수님. 저도 그렇게 생각해요. 함께 노력하다 보면, 분명 우리는 기술과 인간성이 조화를 이루는 세상을 만들 수 있을 거예요."

민수는 내일 교육을 어떻게 진행할지 생각했다. 자신의 경

험을 통해 신입 사원들에게 데이터 윤리의 중요성을 전달하고
싶었다.

무엇보다 그들에게 기술의 발전이 인간의 가치를 훼손하는
것이 아니라 오히려 더욱 빛나게 할 수 있다는 희망을 전하고 싶
었다.

집에 도착한 민수는 거실 창가에 서서 생각에 잠겼다. 5년 전
옴니사이트 프로젝트를 시작했을 때는 단순히 혁신적인 기술
을 만드는 것에만 집중했었다. 하지만 이제는 기술이 가져올 수
있는 사회적 영향과 윤리적 책임에 대해 깊이 고민하게 되었다.

책상 위에 놓인 액자를 바라보았다. 팀원들과 찍은 사진이었
다. 윤서와 동료들의 얼굴에서 자부심과 열정이 느껴졌다. 그들
은 이제 단순한 개발자가 아닌, 디지털 시대의 윤리를 수호하는
파수꾼이다. 노트북을 켜고 내일의 교육 자료를 정리하기 시작
했다. 첫 페이지에 이런 문구를 적었다.

"기술은 우리의 도구입니다. 그것을 어떻게 사용하느냐에 따
라 축복이 될 수도, 재앙이 될 수도 있습니다. 우리의 책임은 기
술이 인간의 존엄성과 자유를 지키는 방패가 되게 하는 것입니
다."

밤이 깊어갔지만, 민수의 마음은 어느 때보다 밝고 가벼웠다. 자신이 올바른 길을 가고 있다는 확신이 들었다. 앞으로도 많은 도전과 난관이 있겠지만, 두렵지 않았다. 왜냐하면 같은 뜻을 가진 동료들이 있고, 변화를 갈망하는 시민들의 지지가 있으며, 무엇보다 기술과 윤리의 조화를 향한 흔들림 없는 신념이 있기 때문이었다. 민수는 창밖으로 보이는 서울의 야경을 바라보며 중얼거렸다.

"우리는 반드시 해낼 거야. 인간의
존엄성이 존중받는 디지털 세상을…,
그 세상에서 기술은 우리의 자유와
가능성을 넓혀주는 날개가 될 거야."

다음 날 아침, 민수는 일찍 회사에 출근했다. 오늘은 신입 사원 교육이 있는 날이다. 회의실에 들어서자 20여 명의 반가운 얼굴들이 보였다.

"안녕하세요, 여러분."

"오늘 우리는 '윤리적 데이터 사용'에 대해 대화를 나눌 겁니다. 하지만 그전에, 여러분에게 한 가지 질문을 던지고 싶어요. 여러분은 왜 이 회사에 지원하셨나요?"

잠시 침묵이 흘렀다. 그때 청년이 조심스럽게 손을 들었다.

"저는…, 세상을 바꿀 수 있는 기술을 만들고 싶어서요."

"좋은 대답입니다. 그렇다면 이제 함께 고민해봐야 할 질문이 있어요. 어떻게 하면 세상을 더 나은 방향으로 바꿀 수 있을까요?"

그는 자신의 경험을 말하기 시작했다. 옴니사이트 프로젝트의 시작부터, 윤서의 문제 제기, 데이터 유출 사건 그리고 회사의 대대적인 변화에 이르기까지 모든 과정을 상세히 설명했다.

"여러분, 우리가 다루는 데이터 하나하나가 누군가의 삶과 직결되어 있다는 걸 항상 기억해야 합니다. 우리의 기술력으로 할 수 있는 일과 해야 하는 일 사이에는 때로 큰 간극이 있죠. 그 간극을 메우는 것이 바로 윤리입니다."

교육은 예상보다 더 활발하게 진행되었다. 신입 사원들은 열정적으로 질문하고 토론했다. 그들의 눈빛에서 미래의 희망을 보았다.

점심 시간에 윤서가 "민수 씨, 오늘 교육 정말 좋았어요. 신입 사원들의 반응도 뜨겁더라고요."라고 말했다.
"그러게요. 우리가 시작한 변화가 이제 새로운 세대로 이어지고 있다는 게 느껴져요."

"맞아요. 아, 그러고 보니 오후에 시민단체와의 간담회가 있죠. 저도 참석해도 될까요?"

"물론이죠. 함께 가요."

오후 2시, 민수와 윤서는 회사 근처 카페에서 시민단체 대표들과 만났다. 그중에는 민수가 몇 달 전 우연히 만났던 '디지털 시민연대'의 회원들도 있었다.

"안녕하세요, 다시 뵙게 되어 반갑습니다." 민수가 인사를 했다.

"네, 저희도 반가워요. 솔직히 말씀드리면, 처음에는 귀사의 변화가 단순한 홍보용은 아닐까 의심했어요. 하지만 지난 몇 달간의 행보를 지켜보니, 진정성이 느껴지더라고요." 연대 대표가 말했다.

"감사합니다. 저흰 아직까지도 많이 부족하다고 생각해요. 그래서 오늘 이 자리에서 여러분의 의견을 듣고 싶습니다. 저희가 더 개선해야 할 점은 무엇일까요?" 윤서가 말했다.

간담회는 3시간 넘게 이어졌다. 시민단체 대표들은 다양한 제안과 비판을 내놓았다. 때로는 날카로운 지적도 있었지만, 민수와 윤서는 모든 의견을 진지하게 받아들였다.

"여러분의 의견을 들으니 우리가 아직 갈 길이 멀다는 걸 새삼 깨닫게 되네요. 하지만 이렇게 솔직하게 소통할 수 있다는 것 자체가 큰 발전이라고 생각합니다. 앞으로도 지속적으로 대화하고 협력해 나가면 좋겠습니다." 모두가 동의했다.

간담회를 마치고 나오면서 "민수 씨, 정말 대단해요. 몇 달 전만 해도 이런 변화를 상상도 못했는데…" 윤서가 말했다.

"아니에요. 이 모든 건 우리 모두의 노력 덕분이에요. 윤서 씨가 아니었다면 저는 아직도 눈도 뜨지 못했을 거예요."

두 사람은 미소를 주고받았다. 그들의 앞에는 아직 많은 난관이 남아 있었지만, 함께라면 어떤 어려움도 극복할 수 있을 것 같았다.

그날 밤, 민수는 집으로 돌아가는 길에 우연히 한 전자기기 매장 앞을 지나게 되었다. 매장 창문에는 최신 AI 비서 기기의 광고가 걸려 있었다.

"당신의 모든 것을 알고 이해하는 완벽한 AI 비서!"

민수는 잠시 광고를 바라보다가 고개를 저었다.

그는 진정한 이해와 공감은 완벽한 데이터 분석에서 오는 것이 아니라, 서로의 프라이버시와 존엄성을 존중하면서 비롯된다는 것을 알고 있었다.

　집에 돌아온 민수는 "루나, 오늘 하루는 어땠어?"
　"네, 민수님. 오늘 하루 동안 총 23건의 데이터 수집 요청이 있었고, 그중 18건에 대해 귀하의 동의를 받았습니다. 나머지 5건은 거절되었고요."

이제 그는 자신의 데이터를 스스로 통
제할 수 있게 되었다. 그리고 이런 작은
변화들이 모여 더 큰 변화를 만들어낼
것이라 믿었다.

03 고흐가 만난 AI

1. 어둠 속의 빛

1890년 7월 27일, 프랑스 오베르쉬르우아즈의 작은 방에서 빈센트 반 고흐는 권총을 들어 자신의 가슴을 겨눴다. 그의 눈에는 지난 37년간의 고통과 좌절, 끝없는 열정이 스쳐 지나갔다. 방아쇠를 당기는 순간, 그의 마음속에는 단 하나의 생각만이 맴돌았다.

"

이제 끝이다…

"

총성이 울렸다. 그러나 예상과 달리 고흐는 죽지 않았다. 총 알은 그의 심장을 비껴갔고, 그는 고통 속에서 신음했다. 피는 흘렀지만, 생명의 불꽃은 꺼지지 않았다. 동생 테오가 달려왔다.

"빈센트! 빈센트!" 테오의 절규가 방안을 가득 메웠다.

"왜… 왜, 이런 짓을…" 테오의 목소리가 떨렸다.

고흐는 희미한 의식 속에서 중얼거렸다.

"
나는…, 실패자야… 이 세상에…
내 자리는 없어….
"

테오는 눈물을 흘리며 "아니야, 형은 위대한 예술가야. 세상이 아직 알아보지 못할 뿐이야."

구급대원들이 도착했고, 고흐는 병원으로 이송되었다. 의사들은 놀랍게도 그의 상태가 심각하지 않다고 진단했다. 총알이 주요 장기를 비껴간 것이다.

며칠 동안 고흐는 회복실에서 자신의 삶을 되돌아보았다. 네덜란드에서의 어린 시절, 런던에서의 실연, 보리나주에서의 선교 활동 마지막으로 화가로서의 열정적인 삶, 모두가 실패로 끝난 것만 같았다. 그러나 죽음의 문턱에서 새로운 의문이 생겼다.

'
내가 정말 모든 것을 다해봤던가?
아직 세상에 보여줄 것이 남아있지 않을까?
'

테오는 매일 병원을 찾아왔다. 어느 날, 그는 특별한 소식을 가져왔다.

"빈센트, 파리에서 큰 전시회가 열린대. 많은 현대 화가들의 작품이 전시된다고 해. 가보는 게 어때?"

'파리… 그가 떠나온 도시, 예술의 중심지, 그곳에서 무엇을 발견할 수 있을까?'

"그래, 파리로 가보자."

2. 빛의 도시에서 만난 운명

1890년 9월, 빈센트 반 고흐는 동생 테오와 파리행 기차에 몸을 실었다. 창밖으로 지나가는 풍경을 바라보며, 마음속에 미묘한 변화가 일어나고 있음을 느꼈다.

파리에 도착한 그들은 몽마르트르 언덕 근처의 작은 아파트에 짐을 풀었다. 창문을 열자 파리의 활기찬 거리가 한눈에 들어왔다. 예술가, 시인, 철학자들이 카페에 모여 열띤 토론을 벌이는 모습이 보였다.

"빈센트, 내일 전시회에 가보자." 테오가 제안했다.

다음 날, 그들은 '살롱 도톤'이라는 전시회장을 찾았다. 그곳에는 폴 고갱, 조르주 쇠라, 앙리 드 툴루즈로트렉 등 당대 최고의 화가들의 작품이 전시되어 있었다. 고흐는 그들의 대담한 색채와 혁신적인 기법에 압도되었다.

특히 그의 눈길을 사로잡은 것은 폴 시냐크의 점묘화였다. 작은 점들이 모여 형상을 이루는 그림을 보며, 고흐는 자신의 붓 터치를 떠올렸다.

'나도 저렇게 색채를 더 대담하게 사용할 수 있을 거야…'

전시장을 나오며, 테오에게 말했다.

"테오, 나… 다시 그림을 그리고 싶어."

"그래, 난 항상 형을 믿었어."

그날 밤, 고흐는 오랜만에 캔버스 앞에 앉았다. 붓을 들자 온몸에 전율이 흘렀다. 그는 파리의 밤거리를 그리기 시작했다. 그의 붓 터치는 이전보다 더욱 강렬하고 대담해졌다. 노란색, 파란색, 초록색이 춤추듯 캔버스 위에서 어우러졌다.

며칠 후, 고흐는 우연히 한 카페에서 앙리 드 툴루즈로트렉을 만났다. 그들은 예술에 대해 열띤 토론을 벌였다.

"반 고흐 씨, 당신의 '별이 빛나는 밤'을 본 적이 있어요. 정말 대단했요."

고흐는 놀랐다. 그의 그림을 알아보는 사람이 있다니….

"그런데 왜 더 그리지 않으시나요? 당신의 재능은 세상에 알려져야 해요."

"난…, 자신감을 완전 잃었어요. 하지만 이제부터라도 다시 시작하고 싶어요."

"좋습니다. 파리는 지금 변화의 한가운데에 있어요. 새로운 세기가 다가오고 있죠. 당신의 예술도 그 변화의 일부가 될 수 있을 거예요."

그날의 대화는 고흐에게 큰 영감을 주었다. 그는 다시 열정적으로 그림을 그리기 시작했다. 파리의 거리, 세느 강, 몽마르트르의 풍차…, 모든 것이 새롭게 보였다. 그러던 어느 날, 고흐는 신문에서 한 기사를 발견했다.

'에펠탑 철거 논란, 구스타브 에펠 고군분투'

기사를 읽으며, 고흐는 강한 호기심을 느꼈다. '에펠탑… 그 거대한 철 구조물, 많은 이들이 그것을 흉물이라 비난했지만, 고흐의 눈에는 그것이 새로운 시대의 상징으로 보였다. 그리고 그 탑을 만든 사람, 구스타브 에펠, 어떤 사람일까?'

고흐는 에펠을 만나야겠다고 결심했다. 그의 이야기를 들어야 했다. 어쩌면 그곳에서 자신이 찾던 답을 발견할 수 있을지도 모른다.

다음 날, 고흐는 에펠의 사무실을 찾아갔다. 긴장된 마음으로 문을 두드렸다.

"들어오세요." 안에서 목소리가 들렸다. 고흐가 조심스레 문을 열고 들어가자, 턱수염을 기른 중년의 남자가 그를 맞이했다. "아, 당신이 반 고흐 씨군요. 편지 잘 받았습니다." 구스타브 에펠과의 처음 만남은 이렇게 시작되었다.

"만나주셔서 감사합니다. 에펠 씨. 제가 갑자기 면담을 요청해서 죄송합니다."

에펠은 그를 자리에 앉히며 말했다. "천만에요. 예술가의 방문은 언제나 환영이죠. 특히 당신 같은 분이라면 더더욱이요."

"어, 저를 아십니까?"

"물론이죠. '별이 빛나는 밤'을 본 사람이라면 당신을 모를 수가 없죠. 그런데 무슨 일로 저를 찾아오셨나요?"

"사실…, 저는 최근에 큰 좌절을 겪었습니다. 제 예술이, 제 인생이 모두 실패한 것만 같았어요. 그러다가 우연히 에펠 씨에 대한 기사를 보고…."

"아, 그 기사들 말이죠. 제 탑을 두고 '흉물'이라 비난하는…."

"네, 하지만 에펠 씨는 포기하지 않으셨더군요. 그 모습에서 무언가 쾅 가슴을 치는 걸 느꼈습니다. 어떻게 그렇게 할 수 있으신지, 그 비결을 듣고 싶었습니다."

"반 고흐 씨, 당신도 아시다시피 이 탑은 처음부터 많은 반대에 부딪혔습니다. '철로 만든 괴물'이라고들 했죠. 하지만 제게 이 탑은 단순한 구조물이 아닙니다."

"이것은 인간의 꿈과 기술, 예술이 만난 결정체입니다."

그는 창밖의 탑을 바라보며 말을 계속 이어나갔다.

"많은 사람들이 이해하지 못합니다.
새로운 것은 항상 두려움과 반감의 대상이 되죠. 하지만 우리가 그런 두려움에 굴복한다면, 어떻게 앞으로 나갈 수 있겠습니까?"

고흐는 깊이 공감했다. 그의 그림들도 많은 이들에게 이해 받지 못했다.

"반 고흐 씨, 당신의 그림들도 마찬가지 입니다. 그들은 아직 당신의 비전을 이 해하지 못하고 있을 뿐이에요. 하지만 언젠가는 세상이 그 가치를 알아볼 겁 니다."

고흐의 눈에 눈물이 고였다. 그의 마음속 깊은 곳에서 무언 가가 움직이는 것을 느꼈다. 에펠은 자리에서 일어나 창가로 걸어갔다.

"제가 이 탑을 설계할 때, 많은 사람들이 불가능하다고 했습니다. 하지만 저는 제 비전을 믿었요. 그리고 그 비전을 현실로 만들기 위해 온 힘을 다했죠."

그는 다시 고흐를 향해 돌아섰다.

"반 고흐 씨, 당신의 그림에서 저는 그와 같은 열정과 비전을 봅니다. 당신은 색채와 붓터치로 세상을 새롭게 해석하고 있어요. 그것은 제가 철과 볼트로 하는 일과 다르지 않습니다."

고흐는 진한 감동을 느꼈다.

"하지만 저는 여전히 두렵습니다. 제 그림이 아무에게도 이해받지 못하고 잊혀질까 봐." 에펠은 고흐의 어깨에 손을 얹었다.

"두려움은 자연스러운 거예요.
하지만 그 두려움에 굴복하지 마세요.
대신 그것을 동력 삼아 더 앞으로 나아
가세요. 당신의 예술은 당신 영혼의 표
현입니다. 그것을 세상에 보여주는 것
이 당신의 사명이에요."

"그렇군요. 제가 잠시 잊고 있었던 것을 일깨워주셨습니다."

"자, 이제 제 작업실로 가보실까요? 거기서 제가 어떻게 이 탑을 설계했는지 보여드리고 싶습니다."

그들은 에펠의 작업실로 향했다. 벽면에는 복잡한 설계도와 계산식들이 가득했다. 고흐는 그것들을 유심히 바라보았다.

"놀랍군요. 이것들은 마치 하나의 거대한 그림 같아요."

"맞아요. 공학도 일종의 예술이죠. 우리는 모두 각자의 방식으로 세상을 재창조하고 있는 겁니다."

그때 고흐의 눈에 한 스케치가 들어왔다. 그것은 에펠탑의 초기 디자인이었는데, 탑 전체가 나선형으로 꼬여 있었다.

"이건…,"

"아, 그건 제가 처음에 구상했던 디자인 중 하나예요. 하지만 기술적인 한계로 실현하지 못했죠."

고흐는 그 스케치를 유심히 바라보았다. 그의 마음속에서 새로운 영감이 솟아오르는 것을 느꼈다.

**"에펠 씨, 제가 이 스케치를 바탕으로
그림을 그려도 될까요?"**

순간 에펠의 눈이 반짝였다.

"물론이죠! 그거 참 흥미로운 생각인데요?"

그날 이후, 고흐는 새로운 열정으로 그림을 그리기 시작했다. 에펠의 나선형 탑 스케치에서 영감을 받아, 소용돌이치는 하늘 아래 우뚝 선 에펠탑을 그렸다. 그의 붓 터치는 이전보다 더욱 대담해졌고, 색채는 더욱 강렬해졌다.

3. 예술과 기술의 융합

몇 주 후, 고흐는 자신의 새 작품 '별이 빛나는 에펠탑'을 들고 에펠을 찾아갔다.

"에펠 씨, 보세요. 당신의 영감으로 이런 그림을 그렸습니다."

에펠은 그림을 보고 많은 감동을 받았다.

이…, 이건 정말 놀라워요!
제 탑이 이렇게 아름다울 줄은 몰랐습니다.

고흐의 그림 속에서 에펠탑은 마치 살아 숨쉬는 것 같았다. 나선형으로 꼬인 탑은 밤하늘의 별들과 어우러져 춤추는 듯했다. 강렬한 노란색과 파란색이 어우러져 환상적인 분위기를 자아냈다.

"반 고흐 씨, 이건 단순한 그림이 아닙니다. 이건 예술과 기술의 완벽한 조화예요!" 에펠이 흥분된 목소리로 말했다.

"

제가 할 수 있었던 것은 에펠 씨 덕분입니다.
당신의 용기와 비전이 저에게 새로운 힘을
주었어요.

"

에펠은 "아니요, 이건 순전히 당신의 재능입니다. 당신은 제 꿈을 당신만의 방식으로 해석해 더 아름답게 만들었어요."

그때, 에펠의 비서가 급히 들어왔다. "선생님, 큰일 났습니다! 정부에서 탑 철거 명령을 내렸다고 합니다!"

에펠의 얼굴이 굳었다.

"역시…, 그들은 끝까지 이 탑을 이해하지 못했군요."

고흐는 "에펠 씨, 제가 한 가지 제안을 해도 될까요?"

"우리가 사람들에게 이 탑의 아름다움
을 보여줄 수 있다면 어떨까요? 제 그림
으로요."

에펠의 눈이 빛났다. "그거 좋은 생각이에요! 하지만 어떻
게…?"

"전시회를 열어요. 제 그림과 함께 에펠
씨의 설계도, 스케치들을 전시하는 거
예요. 사람들에게 이 탑이 단순한 철 구
조물이 아니라 예술이란 걸 보여주는
거죠."

에펠은 잠시 생각하다가 "좋습니다. 해봐요." 그렇게 그들은 급히 전시회를 시작했다. 고흐는 밤낮으로 새로운 그림들을 그렸다. 다양한 각도에서 바라본 에펠탑, 아침 햇살을 받는 에펠탑, 비 오는 날의 에펠탑…, 모든 그림에서 에펠탑은 마치 살아 있는 생명체처럼 빛났다.

에펠은 자신의 설계도와 초기 스케치들을 정리했다. 탑의 건설 과정을 담은 사진들도 준비했다. 전시회 소식은 빠르게 퍼져나갔다. 처음에는 호기심에, 점차 진정한 관심으로 사람들이 모여들기 시작했다. 전시회 당일, 놀랍게도 수많은 인파가 몰려왔다. 예술가, 공학자, 일반 시민들…, 그들은 모두 고흐의 그림과 에펠의 설계도를 번갈아 보며 감탄했다.

"이렇게 보니 정말 아름답군요."
"저렇게 복잡한 구조물을 어떻게 만들었을까…"
"이건 정말 우리 시대의 상징이에요!"

사람들은 점점 더 열광했다. 언론들도 이 전시회를 대대적으로 다루기 시작했다.

며칠 후, 정부 관계자들이 전시회를 찾아왔다. 그들은 에펠과 고흐의 설명을 듣고, 작품들을 자세히 살펴보았다. 마침내, 결정을 내렸다.

"에펠 씨, 우리가 실수를 저질렀군요. 이 탑은 정말 파리의, 아니 프랑스의 자랑입니다. 철거 명령은 취소하겠습니다."

에펠과 고흐는 서로를 바라보며 환하게 웃었다.

그들은 불가능을 가능으로 만든 것이다.

4. 새로운 시작

전시회 성공 후, 고흐의 인생도 크게 바뀌었다. 그의 그림들이 주목받기 시작했고, 미술계에서는 그를 새로운 시대를 여는 혁명적인 화가로 평가하기 시작했다.

에펠은 고흐에게 제안했다. "반 고흐 씨, 우리 함께 작업해 보는 게 어떻습니까?"

"당신의 예술적 감각과 제 공학적 지식
을 결합하면, 정말 놀라운 것들을 만들
어낼 수 있을 것 같아요."

고흐는 기쁘게 동의했다.

"그거 정말 좋은 생각이에요, 에펠 씨. 저도 늘 예술과 과학의 경계를 넘나드는 작품을 만들고 싶었거든요."

그렇게 그들은 함께 새로운 프로젝트를 시작했다. 에펠은 고흐에게 건축과 공학의 기본 원리들을 가르쳤고, 고흐는 에펠에게 색채와 구도의 미학을 전수했다.

그들의 첫 번째 공동 작품은 '춤추는 다리'였다. 이는 세느강을 가로지르는 보행자 다리였는데, 마치 물결치는 듯한 우아한 곡선으로 설계되었다. 다리의 난간은 고흐의 붓터치를 연상시키는 소용돌이 패턴으로 장식되었고, 밤이 되면 별빛처럼 반짝이는 조명이 켜졌다.

이 다리는 파리의 새로운 명소가 되었다. 사람들은 다리를 건너며 예술과 공학의 완벽한 조화를 경험했다.

고흐는 이제 더 이상 고독한 화가가 아니었다. 그는 에펠과 함께 작업하면서 자신의 예술세계를 더욱 확장시켰다. 그림들은 이전보다 더 대담하고 혁신적이었다. 단순히 풍경을 그리는 데 그치지 않고, 그 안에 숨겨진 구조와 패턴을 발견하고 표현하기 시작했다.

1891년, 고흐는 파리 미술학교에서 특별 강연을 요청받았다. 그는 자신의 경험을 바탕으로 '예술과 과학의 융합'이라는 주제로 강연을 했다.

"예술은 단순히 아름다운 것을 만드는 것이 아닙니다."

"그것은 세상을 새롭게 보는 방식입니다. 과학이 세상의 원리를 밝혀내듯이, 예술은 그 원리 속에 숨겨진 아름다움을 발견하고 표현하는 것입니다. 에펠 씨와의 만남을 통해 저는 이 사실을 깨달았습니다."

강연장의 학생들은 고흐의 말에 깊이 감명받았다. 그의 강연은 새로운 세대의 예술가들에게 큰 영감을 주었고, 많은 이들이 예술과 과학의 경계를 넘나드는 작품을 시도하기 시작했다.

고흐의 명성은 날로 높아졌다. 그의 그림들은 이제 전 세계의 수집가들에게 인정받기 시작했고, 미술관들은 앞다투어 그의 작품을 전시하고자 했다. 하지만 고흐에게 가장 큰 기쁨은 자신의 그림이 사람들에게 감동을 주고 영감을 준다는 사실이었다.

에펠과의 협업은 계속되었다. 그들은 함께 파리의 도시 계획에 참여하기 시작했다. 고흐의 예술적 감각과 에펠의 공학적 지식이 만나 파리는 점점 아름답고 효율적인 도시로 변모해갔다.

1895년, 고흐는 자신의 50번째 생일을 맞아 대규모 회고전을 열었다. 전시회장에는 초기 작품부터 최근 작품까지 연대순으로 전시되었다. 관람객들은 고흐의 예술 세계가 어떻게 변화하고 발전해왔는지를 한눈에 볼 수 있었다. 전시회 개막식에서 고흐는 감격에 찬 연설을 했다.

"5년 전, 저는 절망 속에서 생을 마감하려 했습니다. 하지만 운명은 저를 이곳으로 이끌었고, 에펠 씨를 만났습니다. 그분은 저에게 포기하지 않는 용기와 새로운 시각을 가르쳐 주셨습니다. 오늘 이 자리에 선 제 모습은 결코 포기하지 말라는 모든 이들에게 전하는 메시지입니다."

"

여러분의 꿈을 믿으세요.
그리고 그 꿈을 위해 끊임없이 도전하세요.

"

에펠은 눈물을 글썽이며 고흐를 포옹했다. 두 사람의 우정과 협업은 전설이 되어 많은 이들에게 영감을 주고 있었다.

고흐의 말년은 평화롭고 행복했다. 그는 계속해서 그림을 그렸지만, 더 이상 인정받기 위해 몸부림치지 않았다. 대신 자신의 경험과 지식을 후배 예술가들에게 전수하는 데 많은 시간을 할애했다.

1900년, 파리 만국박람회가 열렸다. 이 박람회의 중심에는 고흐와 에펠이 함께 디자인한 '빛의 탑'이 있었다. 이 탑은 에펠탑보다 더 높고, 밤이 되면 수천 개의 전구로 빛나는 장관을 연출했다. 탑의 구조는 나선형으로 꼬여 올라가며, 각 층마다 고흐의 명화들이 스테인드글라스로 재현되어 있었다.

박람회는 대성공을 거두었고, '빛의 탑'은 20세기의 상징물로 자리잡았다. 고흐와 에펠은 이 탑을 통해 예술과 과학의 완벽한 조화를 보여주었고, 이는 새로운 세기를 여는 이정표가 되었다.

1910년, 고흐는 57세의 나이로 세상을 떠났다. 그의 장례식에는 전 세계에서 많은 사람들이 모여들었다. 예술가, 과학자 그리고 그의 작품을 사랑했던 일반 시민들까지. 그들은 모두 고흐가 남긴 유산을 기리며 마지막 작별을 고했다. 에펠은 고흐의 관 앞에서 이렇게 말했다.

"빈센트, 당신은 우리에게 세상을
새롭게 보는 눈을 주었소.
당신의 열정과 비전은 영원히 살아남을 것이오."

고흐가 세상을 떠난 후에도, 그의 영향력은 계속되었다. 그의 제자들은 스승의 뜻을 이어받아 예술과 과학의 경계를 넘나드는 혁신적인 작품들을 만들어냈다. '고흐-에펠 학파'라 불리는 이 새로운 예술 운동은 20세기 전반에 걸쳐 큰 영향력을 발휘했다.

오늘날, 파리의 '빛의 탑' 근처에는 작은 미술관이 하나 있다. 이곳에는 고흐의 '별이 빛나는 에펠탑' 그림이 전시되어 있다. 그림 옆에는 이런 문구가 적혀 있다.

'꿈을 포기하지 마세요.

당신의 별은 반드시 빛날 것입니다.'

- 빈센트 반 고흐 -

04 전통 한 숟갈, 미래 두 스푼

서울의 한 원룸에서 혼자 살고 있는 김도경(29)은 냉장고 문을 열다가 한숨을 쉬었다. 텅 빈 냉장고 안에는 먹다 남은 배달 음식 용기와 유통기한이 지난 우유 한 팩뿐이었다.

'아, 또 밖에서 뭐 사 먹어야 하나…'

그때 스마트폰으로 알림이 왔다.

[오늘의 추천 메뉴: 콩고기 스테이크와 수직농장 샐러드]

도경은 의아한 표정을 지었다. 얼마 전 친구 소개로 가입한 '미래식단' 앱에서 온 알림이었다.

'콩고기, 수직농장? 뭐야, 이게 다 뭐람…'

호기심에 앱을 열어본 도경은 흥미로운 정보들을 발견했다. 콩고기는 대두 단백질로 만든 식물성 고기 대체품이었고, 수직농장은 실내에서 다층으로 작물을 재배하는 시스템이었다.

'흠, 한번 해볼까?'

도경은 용기를 내어 앱에서 추천하는 근처 '미래식품' 매장으로 향했다. 매장에 들어서자 예상과는 다른 광경이 펼쳐졌다. 깔끔하고 모던한 인테리어에 다양한 식물성 단백질 제품들과 신선해 보이는 채소들이 진열되어 있었다.

"어서 오세요. 무엇을 도와드릴까요?"

직원의 안내를 받아 도경은 콩고기 스테이크와 수직농장에서 재배된 채소들을 구입했다.

집으로 돌아와 요리를 시작한 도경은 처음에는 어색했지만, 앱의 상세한 레시피 가이드를 따라가며 점차 요리에 흥미를 느끼기 시작했다.

'와, 이게 고기가 아니라고? 식감이 정말 비슷한데?'

완성된 요리를 한입 베어 문 도경은 놀라움을 금치 못했다. 콩고기 스테이크는 예상 외로 맛있었고, 수직농장 채소들은 신선하고 아삭했다.

그날 이후 도경은 점점 더 다양한 미래 식품들을 시도해보기 시작했다. 해조류로 만든 캐비어, 3D 프린팅으로 만든 초콜릿, 곤충 단백질 바 등 처음에는 낯설었던 음식들이 하나둘 그의 식단에 자리 잡기 시작했다.

"도경아, 너 요즘 살 빠진 것 같은데? 비결이 뭐야?" 어느 날 회사 동료인 지연이 물었다.

"아, 그게…, 요즘 식단을 좀 바꿨거든. 미래식단이라고 들어봤어?"

도경은 자신의 새로운 식습관에 대해 이야기하기 시작했다. 처음에는 반신반의하던 지연도 점차 관심을 보이기 시작했다.

"와, 진짜 신기하다. 나도 한번 해볼까?"

그렇게 도경의 '미래 식단' 체험은 주변 사람들에게도 퍼져 나가기 시작했다.

한 달 후, 도경은 친구들과의 홈파티를 계획했다. 메뉴는 물론 미래 식품들로 가득했다.

"여러분, 오늘의 메인 디쉬는 배양육 스테이크입니다!"

도경이 자랑스럽게 요리를 내놓자 친구들은 호기심 가득한 표정으로 음식을 맛보기 시작했다.

"와, 이게 진짜 고기 아니야, 맛있는데?"

"배양육이 윤리적이라고 하더라. 동물도 안 죽이고."

"이 샐러드 채소들, 엄청 신선하다. 수직농장에서 왔다고?"

친구들의 반응은 대체로 긍정적이었다. 하지만 모두가 그런 것은 아니었다.

"난 아무래도 좀 거부감이 들어. 인공적으로 만든 게 과연 건강에 좋을까?"

도경의 친구 은우가 우려 섞인 목소리로 말했다.

"그래, 나도 처음엔 그랬어. 하지만 알아보니까 오히려 더 안전하고 영양가도 높더라고. 환경에도 좋고."

도경은 자신이 알게 된 정보들을 공유하기 시작했다. 대체육이 전통적인 축산업보다 온실가스 배출량이 훨씬 적다는 것, 수직농장이 물과 땅을 절약한다는 것 등을 설명했다.

대화는 밤늦게까지 이어졌다. 미래 식량에 대한 기대와 우려, 현재 식문화의 문제점들에 대해 다양한 의견이 오갔다.

그날 이후 도경은 더욱 열심히 미래 식량에 대해 공부하기 시작했다. 그는 자신의 SNS 계정을 통해 미래 식품 요리법과 정보들을 공유하기 시작했다.

'오늘의 레시피: 알래스카 연어 대신 사용한 당근 훈제 '연어' 샐러드!' 도경의 게시물에 댓글이 달리기 시작했다.

"와, 저거 정말 연어처럼 보여요. 레시피 좀 자세히 알려주세요!"

"저도 한번 도전해봐야겠어요. 채식에 관심 있었는데 이런 방법이 있었네요."

점차 도경의 팔로워가 늘어나기 시작했다. 그의 콘텐츠에 관심을 가진 지역 채식 카페에서 협업제안이 들어오기도 했다.

"도경님, 저희 카페에서 미래 식단 원데이 클래스를 열면 어떨까요?"

도경은 기쁘게 수락했다. 그의 첫 클래스는 금세 매진되었다. 클래스 당일, 도경은 긴장된 마음으로 참가자들 앞에 섰다.

"안녕하세요, 여러분. 오늘은 우리가 흔히 먹는 음식들을 미래 식재료로 어떻게 대체할 수 있는지 함께 알아보겠습니다."

참가자들은 호기심 어린 눈으로 도경의 설명을 들었다. "이건 완두단백질로 만든 '계란'입니다. 맛과 식감이 꽤 비슷하죠?"

사람들은 하나둘 음식을 맛보기 시작했다. 처음에는 의아한 표정이었지만, 점차 놀라움과 흥미로 바뀌어 갔다.

"와, 이게 계란이 아니라고요? 신기해요!"

"콩고기로 만든 불고기라니, 정말 맛있네요."

클래스가 끝나고 많은 참가자들이 도경에게 다가와 질문을 쏟아냈다.

"도경님, 이런 식재료들은 어디서 구할 수 있나요?"

"다음 클래스는 언제인가요? 또 참여하고 싶어요."

도경은 행복한 미소를 지으며 질문에 답했다. 그는 자신의 작은 시도가 이렇게 많은 사람들에게 영향을 줄 수 있다는 사실에 감동받았다.

1년 후, 도경의 삶은 많이 달라져 있었다. 그는 이제 유명한 '미래 식단 크리에이터'로 활동하고 있었다. 그의 SNS 팔로워는 10만 명을 넘어섰고, 지역 방송에 출연해 미래 식량에 대해 이야기하기도 했다.

"여러분, 미래의 식탁은 지금과는 많이 다를 거예요. 하지만 그게 꼭 나쁜 것만은 아니에요. 우리는 더 건강하고, 더 지속 가능한 방식으로 맛있는 음식을 즐길 수 있을 거예요."

방송이 나간 후 도경의 인스타그램은 더욱 활발해졌다.

"도경님 덕분에 채식에 도전하게 됐어요. 건강해지는 것 같아요!"

"

미래 식량이 이렇게 맛있을 줄 몰랐어요.
앞으로 더 자주 시도해볼게요.

"

하지만 모든 반응이 긍정적인 것은 아니었다. "전통 음식을 포기하고 이런 인공적인 것들만 먹자는 건가요. 문화적 정체성은 어떻게 되는 거죠?"

"농부들의 생계는 어떻게 되는 거예요. 이런 기술들이 기존 산업을 무너뜨리는 것 아닌가요?"

이런 우려의 목소리를 들은 도경은 깊은 고민에 빠졌다. 그는 미래 식량의 장점만을 이야기하는 것이 아니라, 그것이 가져올 수 있는 변화와 도전에 대해서도 솔직하게 다뤄야 한다고 생각했다.

그래서 그는 새로운 프로젝트를 시작했다. '미래와 전통의 조화'라는 주제로, 전통 식재료와 미래 기술을 결합한 요리법을 개발하기 시작한 것이다.

"오늘의 레시피는 '미래식 비빔밥'입니다. 배양육과 수직농장 채소, 전통 발효 고추장의 만남! 어떤 맛일지 함께 만들어볼까요?"

이 새로운 시도는 많은 이들의 관심을 끌었다. 전통 음식을 사랑하는 이들도, 미래 기술에 관심 있는 이들도 모두 흥미롭게 지켜보았다.

"와, 이거 정말 신선한데요? 전통 음식의 맛은 살리면서도 새로운 느낌이 나요."

"이런 방식이라면 우리의 식문화도 지키면서 환경도 생각할
수 있겠어요."

도경의 '미래식 한식' 시리즈는 큰 인기를 끌었다. 그의 레시
피를 따라 요리하는 사람들이 늘어났고, 일부 식당에서는 이런
퓨전 요리를 메뉴에 추가하기도 했다.

2년 후, 도경은 특별한 제안을 받았다. 농림축산식품부에서
'미래 식량 자문위원'으로 활동해달라는 것이다.

"김도경 님, 귀하의 활동이 많은 사람들에게 미래 식량에 대
한 관심을 불러일으켰습니다. 정부의 정책 수립에도 도움을 주
셨으면 합니다."

도경은 잠시 고민했다. 그는 단순한 크리에이터를 넘어, 이
제 정책에도 영향을 미칠 수 있는 위치에 서게 된 것이다. 큰
책임감을 느끼면서도, 이것이 더 큰 변화를 만들 수 있는 기회
라고 생각한 도경은 제안을 수락했다.

"네, 최선을 다해 도움이 되도록 하겠습니다."

자문위원으로서 도경의 첫 번째 과제는 '도시농업 활성화 계
획'에 대한 의견을 제시하는 것이었다. 그는 자신의 경험을 바
탕으로 실질적인 제안을 했다.

"수직농장 기술을 아파트 단지나 학교에 도입하면 어떨까

요? 주민들이 직접 채소를 기르고 수확하는 경험을 할 수 있을 겁니다."

도경의 제안은 긍정적인 반응을 얻었고, 몇몇 지자체에서 시범 사업으로 채택되었다.

한편, 도경의 개인적인 삶에도 변화가 찾아왔다. 그의 활동에 관심을 가진 식품 공학도 이서영과 연애를 시작한 것이다. 서영은 대체 단백질 연구를 하고 있었고, 둘은 종종 새로운 식품 아이디어에 대해 열띤 토론을 벌였다.

"도경 오빠, 내가 새로 개발 중인 해조류 스테이크 한번 맛봐볼래요? 식감이 좀 부족한 것 같아서…."

"오, 이거 꽤 괜찮은데? 근데 해조류 특유의 맛이 좀 강한 것 같아. 이걸 줄이면서 고기 맛을 더 내는 방법이 있을까?" 두 사람의 협업은 새로운 아이디어들을 탄생시켰다.

도경의 요리 경험과 서영의 과학적 지식이 만나 더욱 맛있고 영양가 높은 미래 식품들이 개발되었다.

3년 후, 도경과 서영은 결혼했다. 그들의 결혼식 뷔페는 모두 지속 가능한 미래 식품으로 채워졌다. 배양육으로 만든 스테이크, 해조류 캐비어, 3D 프린팅 초콜릿 케이크 등 하객들은 신기해하며 음식을 즐겼다.

　"와, 이게 다 미래 식품이라고요? 정말 맛있네요!"

　"이런 음식이라면 매일 먹어도 질리지 않을 것 같아요."

　결혼식은 뉴스에도 소개되었다. '미래 식단의 선구자들, 미래 식품으로 차린 결혼식 화제'라는 제목의 기사가 나왔고, 이는 또다시 많은 사람들의 관심을 불러일으켰다.

　시간이 흘러 도경과 서영 부부는 첫 아이를 가졌다. 그들은 아이에게 어떤 음식을 먹일지에 대해 진지하게 고민했다.

　"여보, 우리 아이에게는 어떤 이유식을 먹이는 게 좋을까요?"

　"음…, 전통적인 이유식과 미래 식품을 적절히 조합해보는 건 어떨까? 영양가 높은 대체 단백질과 수직농장에서 재배한 신선한 채소를 사용하면서, 우리나라 전통 이유식 레시피를 활용하는 거."

　그들의 고민은 새로운 비즈니스 아이디어로 이어졌다. '미래형 이유식' 브랜드를 런칭한 것이다. 전통적인 맛과 영양은 살리면서도 지속 가능하고 안전한 식재료를 사용한 이유식은 많은 부모들의 관심을 끌었다.

"우와, 이런 이유식이라면 안심하고 아이에게 먹일 수 있겠어요."

"영양사의 상담을 받은 것 같은 느낌이에요. 아이의 성장 단계별로 구성되어 있어 너무 좋네요."

도경과 서영의 브랜드는 빠르게 성장했고, 그들은 더 큰 꿈을 꾸기 시작했다.

"여보, 우리가 시작한 이 변화가 다음 세대에게는 어떤 영향을 미칠까요?"

"글쎄, 아마도 우리 아이들에게는 이런 미래 식품들이 그저 평범한 일상이 되겠지. 하지만 중요한 건 그들이 음식의 가치와 지속 가능성에 대해 더 깊이 이해하게 되는 거 아닐까?"

5년 후, 도경과 서영은 '미래식단 연구소'를 설립했다. 이곳에서는 지속 가능한 식품 개발뿐만 아니라, 미래 식문화 교육 프로그램도 운영했다.

"여러분, 오늘은 곤충 단백질의 활용법에 대해 알아보겠습니다. 곤충은 고단백 저지방 식품으로, 환경 부담도 적습니다."

연구소의 교육 프로그램은 학교와 기업에서 큰 인기를 끌었다. 사람들은 점차 미래 식량에 대한 인식을 바꾸어 갔고, 일상에서 조금씩 변화를 실천하기 시작했다.

도경이 처음 '미래식단' 앱을 열어본 지 10년이 지났다. 이제 서울의 거리에는 미래 식품을 파는 가게들이 흔하게 보였고, 많은 식당들이 메뉴의 일부를 대체 단백질이나 수직농장 채소로 대체하고 있었다.

"아빠, 오늘 학교에서 배양육으로 만든 급식이 나왔어요! 엄청 맛있었죠."

딸아이의 말에 도경은 미소 지었다. 그가 꿈꾸던 미래가 조금씩 현실이 되어가고 있었다.

그날 저녁, 도경은 가족과 함께 식탁에 앉았다. 테이블 위에는 수직농장에서 수확한 채소로 만든 샐러드, 해조류로 만든 스테이크, 그리고 3D 프린팅으로 만든 디저트가 놓여 있었다.

"자, 오늘도 맛있게 먹자."

도경은 음식을 바라보며 생각했다. 이 모든 것이 단지 10년 전 그의 작은 호기심에서 시작되었다는 게 믿기지 않았다.

그의 선택이 많은 사람들의 식탁을, 더 나아가 지구의 미래를 조금씩 바꾸고 있다는 사실에 가슴이 뭉클해졌다.

"그래도 가끔은 할머니가 해주시던 된장찌개가 그립네요."
서영의 말에 도경은 고개를 끄덕였다.

"맞아, 우리의 목표는 전통을
버리는 게 아니라, 전통과 미래를
조화롭게 만드는 거니까.
이번 주말에는 할머니 댁에 가서 된장찌개
좀 배워올까?
그걸 미래 식재료로 재현해보는 거야."

가족들의 눈이 반짝였다. 그들의 식탁에서는 항상 새로운 도전과 실험이 이어졌다. 그리고 그 작은 식탁에서 시작된 변화는 계속해서 세상으로 퍼져나가고 있었다.

도경은 창밖을 바라보며 생각했다.

미래의 식탁은 어떤 모습일까?

아마도 지금과는 많이 다르겠지만, 분명 더 지속 가능하고, 더 건강하고, 어쩌면 더 맛있는 음식들로 가득 차 있을 것이다. 그리고 그 미래를 만드는 데 자신이 작은 역할을 했다는 사실에 뿌듯함을 느꼈다.

05 폰 디톡스

서울의 한 스타트업 회사, 박지아(27)는 한숨을 내쉬며 모니터를 노려보고 있었다. 밤 11시가 넘은 시각, 사무실에는 그녀 혼자만 남아있었다.

"아, 이 기획안 언제 다 만들지."

지아의 손가락이 키보드 위에서 바쁘게 움직였다. 그때 스마트폰에서 알림음이 울렸다.

[하루 스크린 타임: 14시간 32분]

"뭐? 벌써 이렇게 됐어?"

놀란 지아는 고개를 저었다. 요즘 들어 그녀의 스크린 타임은 계속해서 증가하고 있었다. 일 때문에 컴퓨터 앞에 앉아있는 시간도 길어졌고, 짬짬이 스마트폰으로 SNS를 확인하는 습관도 점점 심해지고 있었다.

'에휴, 내일 마저 하자.'

지아는 결국 노트북을 덮고 집으로 향했다. 그녀의 원룸은 회사에서 걸어서 10분 거리였지만, 그 짧은 거리조차 스마트폰을 보며 걷는 것이 습관이 되어 있었다.

다음 날 아침, 지아는 평소와 같이 알람 소리에 눈을 떴다. 하지만 그녀의 손이 습관적으로 스마트폰을 향해 뻗어나가는 순간, 무언가 이상함을 느꼈다.

'
어? 내 폰 어디 갔지?
,

온 방을 뒤져봐도 스마트폰은 없었다. 어젯밤 분명히 충전기에 연결해 두었다고 생각했는데, 충전기만 덩그러니 놓여있었다.

　'설마 회사에 두고 왔나?' 당황한 지아는 서둘러 회사로 갔다. 하지만 책상 위에도, 서랍 안에도 스마트폰은 없었다.

　"지아야, 무슨 일 있어? 왜 그렇게 안절부절 못하는 거야?"

　옆자리의 동료 리원이 물었다.

　"아, 그게… 내 폰을 못 찾겠어. 어제 밤늦게까지 일하다가 어딘가에 뒀나 봐."

　"에이, 별거 아니야. 잠깐 없는 것뿐이잖아. 오히려 좋은 기회 아닐까? 요즘 너 폰 너무 많이 보는 것 같더라."

　리원의 말에 지아는 잠시 생각에 잠겼다. 맞다. 요즘 들어 그녀는 스마트폰에 너무 의존하고 있었다. 잠깐 폰이 없다고 이렇게 불안해하는 자신의 모습이 낯설게 느껴졌다.

　"그래, 네 말이 맞아. 폰 없이 하루 보내보는 것도 나쁘지 않겠다."

　그렇게 지아의 '디지털 디톡스' 하루가 시작되었다. 처음에는 불편했지만, 점차 새로운 경험이 그녀를 기다리고 있었다.

점심시간에도 평소라면 폰을 보며 혼자 대충 끼니를 때웠을 지아였지만, 오늘은 동료들과 함께 식사를 하기로 했다.

"어머, 지아가 우리랑 밥을 먹네. 무슨 일이야?"

팀장 유진이 농담 섞인 말투로 물었다.

"아, 그게… 오늘 폰을 잃어버려서요. 지아가 쑥스럽게 대답하자 동료들이 웃음을 터뜨렸다.

"그래서 우리랑 밥을 먹는 거였어? 어쩐지."

하지만 예상과 달리 함께하는 식사 시간은 즐거웠다. 동료들과 나누는 대화 속에서 지아는 오랜만에 편안함을 느꼈다.

오후 회의 시간에도 지아는 평소와 다르게 집중력이 높아진 것을 느꼈다. 폰을 확인하느라 산만해지지 않아서일까, 그녀의 아이디어가 꽤나 빛을 발했다.

"오, 지아. 오늘 컨디션이 좋은가 봐. 좋은 제안이야."

팀장의 칭찬에 지아는 뿌듯함을 느꼈다.

퇴근 시간에도 평소라면 지하철에서 폰만 들여다보며 집에 갔겠지만, 오늘은 달랐다. 지아는 처음으로 주변을 제대로 둘러보았다. 그때였다.

"어, 저기 앉아있는 사람… 경민이 아니야?" 지아의 눈에 익숙한 얼굴이 들어왔다. 대학 시절 같은 동아리에서 활동했던 김경민이었다. 그는 여전히 폰에 집중한 채 주변을 인식하지 못하고 있었다.

잠시 고민하던 지아는 용기를 내어 그에게 다가갔다.

"저기… 혹시 경민 씨 맞나요?"

경민은 놀란 듯 고개를 들었다. "네? 아, 지아 씨! 오랜만이에요."

두 사람은 우연한 재회에 반가워하며 이야기를 나누기 시작했다. 지하철에서 내린 후에도 대화는 계속되었고, 어느새 그들은 근처 카페에 앉아 있었다.

"그래서 폰을 잃어버리셨다고요? 중요한 걸 어떻게…"

"처음엔 저도 당황했죠. 하지만 의외로 괜찮더라고요. 오히려 새로운 경험을 하게 됐어요. 당신과 다시 만나게 된 것처럼요."

"그러고 보니 요즘 디지털 디톡스를 고민하고 있었어요. 업무용 메신저 때문에 퇴근 후에도 일에서 벗어나지 못하는 것 같아요."

두 사람은 디지털 기기와 현대인의 관계에 대해 진지한 대화를 했다. 서로의 경험과 고민을 공유하며, 어느새 가까워지고 있었다.

"저기…, 내일 저녁 시간 되세요? 괜찮으시다면 제가 아는 맛있는 식당이 있는데…" 경민이 조심스럽게 제안했다.

"좋아요. 근데 한 가지 조건이 있어요."

"네? 무슨 조건인가요?"

"우리 둘 다 폰은 가져오지 말아요. 어때요?"

"좋습니다. 재미있을 것 같네요."

다음 날, 지아는 출근길에 우연히 잃어버린 폰을 찾았다. 어제 식탁의 의자 밑에 떨어뜨린 모양이다. 하지만 폰을 켜지 않은 채 가방에 넣었다.

그날 저녁, 지아와 경민은 약속대로 폰 없이 만났다. 처음에는 어색했지만, 곧 그들은 서로의 이야기에 푹 빠져들었다. 시간 가는 줄 모르고 대화를 나누다 보니 어느새 식당 마감 시간이다.

"와, 벌써 이렇게 시간이 됐네요. 폰 없이도 즐거울 수 있다니."

"그러게요. 사실 저는 오늘 아침에 폰을 찾았는데, 일부러 켜지 않고 왔죠."

"정말요? 대단하네요. 저는 아직 그 정도는 못할 것 같아요."

"저기…, 다음에 또 만나요. 그때는 폰을 가져와도 될까요?"

"그럼요. 하지만 약속해요. 꼭 필요할 때만 쓰는 걸로요."

집으로 돌아온 지아는 잠시 고민하다 폰을 켰다. 수많은 알림이 한꺼번에 울렸다. 부모님의 걱정 섞인 메시지, 동료들의 업무 관련 연락, 그리고 수많은 SNS 알림들….

지아는 한숨을 쉬며 폰을 내려놓았다. 그리고 창밖을 바라보았다. 서울의 밤거리는 여전히 반짝이는 불빛으로 가득했다. 그 불빛 속에 숨겨진 수많은 이야기들, 그 이야기의 주인공들이 각자의 스크린 속에 갇혀 있을 거라고 생각하니 조금 슬펐다.

하지만 동시에 지아는 미소 지었다. 오늘 하루, 그녀는 스크린 밖의 세상이 얼마나 아름다운지 다시 한번 깨달았다. 그리고 그 세상에서 우연히 만난 경민….

지아는 폰을 다시 집어 들었다. 그리고 모든 알림을 무시한 채 경민에게 메시지를 보냈다.

"오늘 정말 즐거웠어요. 다음에 또 만나요. 그때는 폰 좀 쓸게요. 당신 연락처를 저장해야 하니까요 :)"

메시지를 보낸 후 지아는 폰을 껐다. 내일은 또 어떤 하루가 될지, 그녀는 기대하고 있었다.

디지털 세상과 현실 세상 사이에서 균형을 찾는 일은 쉽지 않겠지만, 그 과정이 꼭 고통스러운 것만은 아닐 거라고 생각했다.

창밖으로 보이는 달을 바라보며 지아는 생각했다. 어쩌면 우리에게 필요한 건 완벽한 해답이 아니라, 그저 가끔씩 고개를 들어 주변을 둘러보는 용기가 아닐까? 그녀는 베개에 머리를 기대며 눈을 감았다. 내일은 어떤 새로운 경험이 그녀를 기다리고 있을까? 지아는 그 답을 스스로 찾아가기로 했다.

폰 없이도, 아니 어쩌면 폰과 함께라도,

균형 잡힌 삶을 살아갈 수 있기를 희망하며.

06 로그아웃 그리고 진짜 삶

서울의 한 카페, 나는 여느 때와 같이 노트북을 펼쳐 놓고 앉아 있었다. 에스프레소 향이 은은히 퍼지는 공간, 창밖으로 흐르는 사람들의 물결. 그 사이에서 나는 또 다시 스마트폰 화면에 시선을 고정하고 있었다. 주변을 둘러보니 다른 사람들도 마찬가지였다. 우리는 마치 섬처럼 각자의 디지털 기기에 몰두해 있었다. 그때 문득 가슴 한 구석이 아려왔다. 우리는 이렇게 가까이 있으면서도 얼마나 멀리 떨어져 있는 걸까?

나는 김은서, 스물일곱 살. 트렌디한 스타트업에서 일하는, 어쩌면 너무나 평범한 직장인이다. 아니, 어쩌면 오늘부터는 평범하지 않을지도 모르겠다. 커피 잔을 들어 한 모금 마시며 결심했다. '디지털 디톡스 프로젝트'를 시작하기로. 한 달 동안 모든 SNS를 끊고, 스마트폰 사용을 최소화하는 것이다. 이 미친 결정을 하게 된 건 바로 어제 있었던 일 때문이었다.

어제는 내 가장 친한 친구 예원의 생일이었다. 우리는 대학 시절부터 밤새 수다를 떨며 꿈을 나누던 절친한 사이로, 매년 생일을 함께 보냈다. 하지만 이번엔 달랐다. 나는 아침부터 밤까지 회사 일에 치여 예원에게 연락 한번 하지 못했다. 퇴근 후 피곤에 절어 집에 도착해 침대에 몸을 던졌을 때, 번쩍 예원의 생일이 떠올랐다.

심장이 쿵 내려앉는 기분으로 황급히 카카오톡을 열었다. 손가락이 떨리며 메시지를 보냈다.

"예원아, 생일 축하해! 미안해, 오늘 너무 바빠서 깜빡했어."

1분, 2분…, 시간이 멈춘 듯했다. 그리고 마침내 예원의 답장이 왔다.

"고마워, 은서야. 괜찮아, 다들 바쁘지 뭐."

그게 전부였다. 더 이상의 대화는 없었다. 차갑고 건조한 다섯 글자가 내 가슴을 찔렀다. 뭔가 허전함이 밀려왔다. 예전 같았으면 우리는 밤새도록 전화를 하며 수다를 떨었을 텐데. 서로의 목소리를 들으며 웃고 울곤 했었는데. 언제부터 우리의 관계가 이렇게 메말라버린 걸까?

그날 밤, 나는 잠들지 못했다. 천장을 바라보며 이리저리 뒤

척이다 문득 깨달았다. 나는 하루 종일 수많은 사람들과 '연결'
되어 있었다. 카카오톡 메시지, 인스타그램 좋아요, 페이스북
댓글 하지만 정작 가장 소중한 사람과의 진정한 연결은 놓치고
있었던 것이다. 스마트폰 화면 속 얄팍한 숫자들이 나의 관계
를 대변하고 있었다.

그래서 나는 결심했다. 디지털 세상에서 잠시 벗어나 현실
의 관계에 집중해보기로. 어쩌면 무모할지도 모르는 이 도전
이, 내 삶에 어떤 변화를 가져다줄지 기대반 걱정반으로 가슴
이 뛰었다.

다음 날 아침, 평소와는 다른 하루가 시작되었다. 습관적으
로 알람을 끄려 손을 뻗었지만, 이번엔 달랐다. 스마트폰을 무
시하고 천천히 몸을 일으켰다. 창문을 열자 상쾌한 바람이 내
뺨을 간지럽혔다. 새들의 노랫소리가 들려왔다. 이런 소리를
마지막으로 들은 게 언제였더라? 잠시 눈을 감고 그 소리에 집
중했다. 마치 자연이 나에게 '좋은 아침'이라고 인사하는 것 같
았다.

출근하면서 이어폰을 끼지 않고 걸었다. 처음엔 어색했다.
마치 알몸으로 거리를 걷는 것 같은 느낌이랄까. 하지만 점점

주변의 소리들이 들리기 시작했다. 사람들의 발걸음 소리, 멀리서 들리는 자동차 경적 소리, 길가의 카페에서 새어 나오는 웃음소리까지. 이 모든 소리가 어우러져 도시의 교향곡을 만들어내고 있었다. 그리고 그 속에 나도 있었다. 살아있음을, 이 세상의 일부임을 느꼈다.

회사에 도착해서도 변화는 계속되었다. 평소라면 엘리베이터에서 스마트폰만 들여다보며 올라갔겠지만, 오늘은 고개를 들어 주변을 살폈다. 옆에 서 있는 사람과 눈이 마주쳤다. 어색한 미소를 지어보였더니, 상대방도 따뜻하게 미소를 돌려주었다.

"안녕하세요."

"네, 안녕하세요."

짧은 인사를 나누고 나니 가슴이 따뜻해졌다. 놀랍게도 그 사람은 같은 팀의 동료였다. 우리는 몇 년 동안 같은 공간에서 일하고 있었지만, 서로를 제대로 알지 못했던 것이다. 이제야 처음으로 그의 눈동자 색깔이 초콜릿처럼 따뜻한 갈색이라는 걸 알았다.

점심시간, 평소처럼 도시락을 꺼내 혼자 먹으려다 용기를 내어 동료들에게 말을 걸었다.

"저기, 혹시 같이 밥 먹을까요?"

처음엔 어색한 침묵이 흘렀다. 하지만 누군가 미소를 지으며 대답했다.

"그래요, 좋아요. 같이 먹어요."

식당 테이블에 둘러앉아 우리는 조금씩 대화를 나누기 시작했다. 처음엔 날씨 얘기, 회사 일 얘기로 시작했지만, 점점 대화는 깊어졌다. 각자의 취미, 주말 계획, 최근에 본 영화에 대해 이야기를 나눴다. 웃음소리가 테이블을 감쌌다. 그동안 몰랐던 동료들의 모습을 알게 되면서, 직장 생활이 조금 더 즐거워지는 것 같았다.

퇴근 후, 용기를 내어 예원에게 전화를 걸었다. 신호음이 가슴을 쿵쿵 울렸다.

"여보세요?" 예원의 목소리가 들렸다.

"예원아, 나 은서야. 시간 되면 만나서 얘기 좀 할까?"

우리는 동네 카페에서 만났다. 따뜻한 라떼향이 감도는 아늑한 공간에서, 마주 앉았다. 처음에는 어색했다. 뭘 어떻게 말해야 할지 몰라 머뭇거렸다. 하지만 차츰 대화가 무르익었다.

예원은 최근 회사에서 겪은 어려움을 털어놓았고, 나는 그동안 하지 못했던 이야기를 했다. 시간 가는 줄 모르고 이야기를 나누다 보니 어느새 해가 저물고 있었다.

"은서야, 오늘 정말 좋았어. 우리 언제 이렇게 진솔하게 얘기해봤더라?"

예원의 말에 나도 모르게 눈시울이 붉어졌다. 그동안 우리는 얼마나 많은 것을 놓치고 살았던 걸까? SNS 속 반짝이는 이모티콘과 좋아요 숫자들이, 이렇게 따뜻한 목소리와 미소를 대신할 순 없었다.

일주일, 이주일…, 시간이 지날수록 변화가 느껴졌다. 처음에는 SNS 알림이 오지 않는 적막감에 불안해지기도 했다. 마치 세상에서 단절된 것 같은 느낌이 들었다. 하지만 점차 그 고요함이 편안하게 느껴졌다. 대신 주변 사람들과의 대화가 늘어났다. 엘리베이터에서 만난 이웃과 인사를 나누고, 버스에서 옆자리 할머니의 이야기를 들어주기도 했다.

회사에서도 변화가 있었다. 팀 회의 때 더 적극적으로 의견을 내게 되었다. 화면 너머가 아닌 실제 사람들의 표정과 몸짓을 보며 소통하니, 더 깊이 있는 대화가 가능해졌다. 동료들과의 관계도 깊어졌다. 점심 시간의 대화가 퇴근 후의 저녁 모임으로 이어지기도 했다. 얼굴을 마주보며 대화 속에서, 서로를 더 깊이 이해하게 되었다.

한 달의 시간이 흘렀다. 디지털 디톡스 프로젝트는 끝났지만, 나의 삶은 크게 변했다. 여전히 스마트폰을 사용하고 SNS도 하지만, 이제는 그것들이 내 삶의 전부가 아니란 걸 안다.

기술은 우리 삶을 풍요롭게 만들어주는 도구일 뿐,

그것이 우리 삶의 중심이 되어서는 안 된다는 걸 깨달았다.

이제 나의 하루는 조금 달라졌다. 아침에 일어나면 스마트폰을 확인하기 전에 잠시 창밖을 바라본다.

하늘의 색깔, 나뭇잎의 움직임, 새들의 노랫소리를 느낀다.

출근길에는 가끔 이어폰을 빼고 주변의 소리에 귀 기울인다. 사람들의 발걸음 소리, 거리의 소음, 간간이 들리는 웃음소리. 이 모든 것이 하나의 교향곡이 되어 내 귓가를 채운다.

점심 시간에는 동료들과 대화를 나누며 식사를 한다. 각자의 인생 이야기, 꿈, 고민을 나누다 보면 어느새 시간이 훌쩍 지나있곤 한다.

때로는 깊은 공감으로, 때로는 폭소와 함께 우리의 관계는 조금씩 깊어진다. 예전에는 몰랐던 동료의 취미나, 숨겨진 재능을 알게 되는 순간들이 특히 즐겁다.

지난주에는 항상 무뚝뚝해 보이던 김 대리가 사실은 주말마다 유기견 보호소에서 봉사활동을 한다는 걸 알고 놀랐다.

그의 눈빛이 반려동물 이야기를 할 때 어떻게 부드러워지는지, 목소리에 어떤 따뜻함이 묻어나는지 직접 보고 들을 수 있었다.

퇴근 후에는 예원과 다른 친구들과 자주 만난다. 카페에 앉아 차 한 잔을 놓고 수다를 떨기도 하고, 때로는 한강변을 산책하며 이야기를 나눈다. 지난 주말에는 예원이랑 오랜만에 영화를 보러 갔다. 영화가 끝나고 나와 어둑어둑해진 거리를 걸으며, 우리는 영화에 대한 감상을 나누었다.

예원의 눈빛이 반짝이며 열정적으로 이야기하는 모습을 보며, 문득 우리의 우정이 얼마나 소중한지 다시 한번 느꼈다.
"은서야, 요즘 너 많이 달라진 것 같아." 예원이가 문득 말했다.
"그래? 어떻게?"
"음…, 더 밝아진 것 같아. 그리고 뭔가 여유가 생긴 것 같달까. 예전엔 항상 바쁘고 긴장돼 보였거든."

예원의 말에 나는 잠시 생각에 잠겼다. 그러고 보니 정말 그랬다. 예전의 나는 항상 무언가에 쫓기는 듯 살았다. 끊임없이 울리는 알림음, 확인해야 할 메시지들, 업데이트해야 할 SNS…, 그 속에서 정작 중요한 것들을 놓치고 있었던 건 아닐까. 이 작은 실험을 통해 많은 것을 깨달았다.

우리가 살아가는 이 초연결 사회는 양면성을 가지고 있다. 한편으로는 우리를 더 가깝게 연결해주지만, 다른 한편으로는 우리를 더 고립시키기도 한다. 수백 명의 '친구'들과 연결되어 있지만, 정작 마음을 털어놓을 수 있는 사람은 몇이나 될까? 수많은 정보의 홍수 속에서 우리는 정작 자신의 내면의 소리는 듣지 못하고 있는 건 아닐까?

그 속에서 우리는 어떻게 균형을 잡아야 할까? 나는 이렇게 생각한다.

첫째, '진정한 연결'의 의미를 다시 생각해 봐야 한다. SNS 친구 수나 좋아요 숫자가 아니라, 실제로 마음을 나눌 수 있는 관계가 얼마나 되는지를 생각해 보자. 양보다는 질에 집중하는 것이다. 백 명의 얕은 친구보다 한 명의 깊은 친구가 더 값질 수 있다.

둘째, 주기적인 디지털 디톡스 시간을 가져보는 것은 어떨까? 하루 중 일정 시간, 또는 일주일 중 하루 정도는 의도적으로 디지털 기기를 멀리하고 오프라인에서의 관계에 집중해보자. 처음에는 어색하고 불편할 수 있다. 마치 금단 현상처럼 손가락이 근질거리고 불안해질 수도 있다. 하지만 그 시간을 견뎌내면, 우리는 고요 속에서 들려오는 자신의 목소리, 주변 사람들의 따뜻한 눈빛, 그리고 잊고 있었던 일상의 소소한 기쁨들과 같은 잃어버렸던 무언가를 다시 찾을 수 있을 것이다.

셋째, 온라인에서의 소통도 더 진정성 있게 만들어보자. 단순히 '좋아요'를 누르는 대신, 진심 어린 댓글을 남기거나 개인 메시지를 보내는 것은 어떨까? 짧더라도 진심이 담긴 메시지는 관계를 더욱 풍요롭게 만들 수 있다. '멋져요' 대신 '이 사진에서 당신의 미소가 정말 아름답네요. 무슨 좋은 일이 있었나요?'라고 물어본다면, 그것이 새로운 대화의 시작이 될 수 있을 것이다.

넷째, 우리의 주의력을 되찾는 노력이 필요하다. 끊임없이 울리는 알림음과 반짝이는 화면에 우리의 주의력은 산산조각 나고 있다. 마치 여러 개의 채널을 동시에 틀어놓은 텔레비전을 보는 것처럼, 우리는 많은 것을 보고 있지만 정작 아무것도 제대로 보지 못하고 있는 건 아닐까? 한번에 한 가지 일에 집중하는 습관, 대화할 때 상대방의 눈을 바라보는 습관 등을 기르는 것이 중요하다. 그럴 때 비로소 지금 이 순간, 이 자리에 온전히 존재할 수 있을 것이다.

다섯째, 기술을 우리의 도구로 사용하되, 기술에 종속되지 않도록 주의하자. 스마트폰이나 SNS는 우리의 삶을 풍요롭게 만들어주는 도구일 뿐, 그것이 우리 삶의 전부가 되어서는 안 된다. 우리가 기술을 사용하는 것인지, 아니면 기술이 우리를 사용하고 있는 것인지 끊임없이 자문해봐야 한다.

마지막으로, 우리는 '연결'의 다양한 형태를 인정하고 존중해야 한다. 누군가에게는 SNS를 통한 소통이 더 편안할 수 있고, 다른 이에게는 직접 만나 대화하는 것이 더 의미가 있을 수 있다. 중요한 것은 각자에게 맞는 방식으로 진정성 있는 관계를 만들어가는 것이다. 온라인이든 오프라인이든, 그 속에서 서로를 이해하고 공감하며 함께 성장해나가는 것, 그것이 바로 우리가 추구해야 할 진정한 연결의 모습이 아닐까?

이 모든 것을 실천하는 것이 쉽지만은 않을 것이다. 나 역시 한 달간의 실험이 끝난 후, 다시 예전의 습관으로 돌아가려는 유혹을 여러 번 느꼈다. 출근길 지하철에서 무료함을 견디지 못하고 스마트폰을 꺼내들려는 순간, 친구와의 대화 중 잠시 생긴 정적을 견디지 못하고 SNS를 확인하려는 순간, 그때마다 나는 깊게 심호흡을 하고 주변을 둘러본다. 창밖으로 스쳐 지나가는 풍경, 옆자리에 앉은 사람의 표정, 멀리서 들려오는 음악 소리. 그리고 다시 한번 결심한다.

기술과 함께 살아가되,

인간다움을 잃지 않기로.

　우리 MZ세대는 디지털 세상과 아날로그 세상의 경계에 서 있다. 우리는 두 세계의 장점을 모두 취할 수 있는 유일한 세대일지도 모른다. 디지털의 편리함과 아날로그의 따뜻함을 동시에 누릴 수 있는 것이다. 이는 축복인 동시에 도전이기도 하다. 끊임없이 변화하는 기술 속에서 우리의 본질을 잃지 않는 것, 그것이 우리에게 주어진 과제다.

　그래서 나는 제안한다. 우리 함께 '스마트한 연결'을 만들어 가보는 것은 어떨까?

기술을 똑똑하게 활용하면서도, 인간
본연의 따뜻함을 잃지 않는 연결. 온라
인에서의 폭넓은 네트워크와 오프라인
에서의 깊이 있는 관계를 조화롭게 아
우르는 연결. 그것이 바로 우리 세대가
만들어갈 새로운 관계의 모습이 되길
바란다.

이제 나의 하루는 조금 달라졌다. 아침에 일어나면 스마트폰을 확인하기 전에 잠시 창밖을 바라본다. 쏟아지는 햇살, 살랑거리는 나뭇잎, 멀리서 들려오는 도시의 소음. 이 모든 것이 나를 이 순간, 이 자리에 존재하게 한다. 출근길에는 가끔 이어폰을 빼고 주변의 소리에 귀 기울인다.

옆자리 아저씨의 한숨 소리, 뒷좌석 학생들의 재잘거림, 버스 엔진의 윙윙거리는 소리까지. 이 모든 소리가 어우러져 하나의 교향곡을 만든다.

07 #지구구조대

　서울의 작은 원룸, 형광등 불빛 아래 나는 침대에 누워 스마트폰을 들여다보고 있었다. 시계는 새벽 1시를 가리키고 있었지만, 내 눈은 여전히 또렷했다. 인스타그램을 무의식적으로 스크롤하던 중, 갑자기 한 게시물이 내 시선을 사로잡았다.

　'이게 뭐야'

　나도 모르게 중얼거렸다. 화면 속 이미지는 충격적이었다. 끝없이 펼쳐진 해변 그러나 그곳에는 모래 대신 플라스틱 쓰레기가 가득했다.

　'#Save The Ocean'이라는 해시태그가 그 아래 달려있었다.

그 순간, 뭔가가 내 안에서 깨어났다. 그동안 막연히 느꼈던 불안감, 환경에 대한 걱정, '뭔가 해야 한다'는 생각이 한꺼번에 폭발했다.

'야, 이거 진짜 심각한데?'

나는 벌떡 일어나 앉았다. 갑자기 잠이 확 달아났다. 손가락이 빠르게 움직여 관련 정보를 검색하기 시작했다. 통계, 뉴스 기사, 전문가 의견…, 정보의 홍수 속에서 점점 더 이 문제의 심각성을 깨달았다.

'이대로 있으면 안 돼.' 결심이 섰다.

나, 25살 평범한 직장인 김해나가 할 수 있는 게 뭘까? 잠시 고민하다 내가 가장 잘 아는 도구인 소셜 미디어를 떠올렸다.

다음 날 아침, 회사로 향하는 지하철에서 첫 번째 게시물을 올렸다. 어젯밤 본 그 충격적인 사진과 함께, 내가 찾은 정보들을 정리해 올린 것이다.

'우리가 모르는 사이, 바다가 죽어가고 있어요. 한번 쓰고 버린 플라스틱이 이렇게 큰 재앙이 될 줄 누가 알았을까요? 지금 이 순간에도 매초마다 트럭 한 대 분량의 플라스틱이 바다로 흘러들어가고 있습니다. 이대로 가다간 2050년에는 바다에 물고기보다 플라스틱이 더 많아질 거래요. 우리가 무언가 해야 하지 않을까요?'

#SaveTheOcean #플라스틱제로 #환경보호

게시물을 올리고 나서, 나는 묘한 느낌에 사로잡혔다. 뭔가를 시작했다는 설렘과 '과연 이게 의미가 있을까?'하는 의구심이 들었다.

하지만 그날 저녁, 퇴근길 지하철에서 핸드폰을 확인했을 때, 나는 놀라지 않을 수 없었다. 내 게시물에 수백 개의 '좋아요'와 수십 개의 댓글이 달려 있었다.

'헐, 이게 무슨 일이야….'

댓글들을 읽어내려가는 내 입가에 미소가 번졌다.

"저도 이 문제에 관심 있어요! 우리가 뭘 할 수 있을까요?"

"충격적이네요. 저도 동참하고 싶어요."

"해나야, 네가 이런 걸 올릴 줄이야. 멋져!"

마지막 댓글은 고등학교 친구 지안이었다. 나는 지안에게 메시지를 보냈다.

"지안아, 우리 뭔가 해보지 않을래?"

그렇게 우리의 작은 모임이 시작되었다. 처음에는 나와 지안, 회사 동료 몇 명이 전부였다. 우리는 매주 한번씩 온라인으로 모여 환경 문제에 대해 토론하고, 할 수 있는 일들을 찾아보았다.

"야, 우리 이거 어때, 한강에서 쓰레기 줍기 어때?"

지안의 제안에 모두가 동의했다. 그리고 그 아이디어는 우리의 첫 오프라인 활동이 되었다.

토요일 아침, 쌀쌀한 바람이 불어오는 한강공원, 우리 다섯 명은 장갑을 끼고 쓰레기 봉투를 들고 서 있었다.

"어우, 추워. 그냥 집에서 댓글이나 달면 안 됐냐?"

농담 섞인 불평과 함께 우리의 활동이 시작됐다. 처음에는 어색하고 부끄러웠다. 사람들이 우리를 이상한 눈으로 쳐다보는 것 같았다. 하지만 시간이 지날수록 우리는 점점 더 열정적으로 쓰레기를 주웠다.

"야, 이거 봐! 이게 다 플라스틱이야."

"어? 저기 사람들이 우리 쳐다보는 것 같은데?"

실제로 몇몇 사람들이 우리에게 다가오기 시작했다.

"학생들, 뭐하는 거예요?"

"혹시 우리도 참여할 수 있을까요?"

우리의 작은 행동이 사람들의 관심을 끌기 시작한 것이다. 그날 하루, 예상보다 훨씬 많은 쓰레기를 주웠다. 그리고 더 많은 사람들과 이야기를 나눌 수 있었다.

"
와, 이렇게 많은 쓰레기가 있을 줄이야.
"

우리가 주운 쓰레기를 보며 지안이 말했다. 플라스틱 병, 비닐봉지, 스티로폼 조각들, 한강의 아름다운 풍경 뒤에 숨어있던 불편한 진실이었다.

집에 돌아와 나는 곧바로 오늘의 활동을 영상으로 편집해 올렸다. 배경음악을 넣고, 중간중간 환경 관련 정보들을 텍스트로 삽입했다.

"오늘 하루, 우리가 주운 쓰레기만 해도 이렇게 많아요. 한 사람의 작은 행동이 모여 큰 변화를 만들 수 있어요. 다음 주에는 여러분도 함께 해요! #한강을지켜라 #플라스틱제로 #환경보호"

그리고 다음 주, 놀라운 일이 벌어졌다. 한강공원에 모인 사람들이 50명이 넘었다. 소셜 미디어를 통해 우리의 활동을 본 사람들이 자발적으로 모인 것이다.

"와, 이게 정말 우리가 시작한 거야?"

지안이 놀란 눈으로 물었다. 나도 믿기지 않았다. 우리의 작은 행동이 이렇게 많은 사람들에게 영향을 미치다니.

그날 이후 우리의 활동은 급속도로 확장되었다. 매주 진행되는 청소 활동, 환경 관련 온라인 캠페인, 학교와 회사를 대상으로 한 환경 교육까지. 우리는 바쁜 일상 속에서도 틈틈이 시간을 내어 이 활동들을 이어갔다.

한 달이 지났을 때, 더 큰 도전을 결심했다. 바로 '플라스틱 제로 챌린지'였다. 한 달 동안 일회용 플라스틱 사용을 완전히 중단하는 것이 목표였다.

"이거 진짜 할 수 있을까?"

지안이 걱정스럽게 물었다. 사실 나도 자신이 없었다. 하지만 우리는 서로를 격려하며 도전을 시작했다.

첫 주는 정말 힘들었다. 커피를 마시러 갈 때마다 텀블러를 들고 다녀야 했고, 점심을 먹을 때도 일회용 용기 대신 다회용기를 사용해야 했다. 장을 볼 때는 비닐봉지 대신 에코백을 사용했다.

"아, 진짜 불편해…."

투덜거리면서도 우리는 포기하지 않았다. 그리고 그 과정을 꾸준히 소셜 미디어에 공유했다.

"오늘의 플라스틱 제로 도전! 점심 먹을 때 사용한 나만의 용기세트예요. 여러분도 함께 해보세요!"

#플라스틱제로챌린지 #환경보호"

우리의 도전은 많은 사람들의 관심을 받았다. 점점 더 많은 사

람들이 첼린지에 동참하기 시작했고, 우리의 팔로워 수도 늘어
갔다.

그러던 어느 날, 뜻밖의 연락을 받았다. 지역 방송국에서 우리
의 활동을 취재하고 싶다는 것이었다.

"TV에 나간다고, 우리가?"

우리 모두 믿기지 않았다. 하지만 동시에 이것이 우리의 메시
지를 더 많은 사람들에게 전할 수 있는 기회라는 것을 알았다.

촬영 당일, 우리는 긴장된 마음으로 카메라 앞에 섰다.

"안녕하세요, 저희는 '지구를 살리는 Z세대'입니다. 저희가 이
활동을 시작한 이유는…."

인터뷰를 하면서 나는 우리가 얼마나 많이 성장했는지 깨달았
다. 처음에는 그저 막연한 걱정으로 시작했던 것이, 이제는 구체
적인 행동과 목표를 가진 활동이 되어 있었다.

방송이 나간 후, 우리에게 연락해오는 사람들이 폭증했다. 학
교에서 강연 요청이 오기도 하고, 기업에서 협력 제안을 해오기
도 했다.

"우와, 이제 진짜 유명인사 됐나봐?"

지안이 농담 삼아 말했지만, 사실 우리 모두 부담감을 느끼고
있었다. 더 많은 사람들이 우리를 지켜보고 있다는 것은, 그만큼

더 큰 책임감이 따른다는 뜻이기도 했다.

　그러던 중 우리는 새로운 도전에 직면했다. 바로 지역의 한 대기업이 우리 바다 근처에 새로운 플라스틱 공장을 세우려 한다는 소식이었다.

　"이건 정말 문제가 될 것 같아. 우리가 뭔가 해야 하지 않을까?" 우리는 고민 끝에 온라인 서명 운동을 시작하기로 했다. 소셜 미디어를 통해 이 문제의 심각성을 알리고, 사람들의 동참을 호소했다.

　우리의 온라인 서명 운동은 예상보다 빠르게 퍼져나갔다. 해시태그 #플라스틱 공장반대 #우리 바다를 지키자가 트위터와 인스타그램에서 트렌드가 되었고, 불과 일주일 만에 10만 명이 넘는 사람들이 서명에 동참했다.

　"와, 이게 정말 우리가 시작한 거야?"

　지안의 말에 나도 고개를 끄덕였다. 우리의 작은 행동이 이렇게 큰 반향을 일으킬 줄은 몰랐다.

　하지만 곧 우리는 현실의 벽에 부딪혔다. 대기업 측에서 법적 대응을 검토하고 있다는 소식이 들려온 것이다.

　"어떡하지? 우리가 너무 나간 걸까?" 불안감이 엄습해왔다. 하지만 우리는 포기하지 않기로 했다. 대신 더 신중하고 책임감 있게 행동하기로 결심했다. 우리의 주장을 뒷받침할 수 있는 과학적 근거들을 수집했다.

"우리가 단순히 감정적으로 반대하는 게 아니라는 걸 보여 줘야 해."

나의 제안에 모두가 동의했다. 우리는 수집한 자료들을 바탕으로 새로운 캠페인을 시작했다. 이번에는 단순한 반대가 아니라, 지속 가능한 대안을 제시하는 데 초점을 맞췄다.

"플라스틱 공장 대신 친환경 에너지 단지를 만들면 어떨까요? 이는 일자리 창출에도 도움이 되고, 우리 지역을 친환경 도시의 모델로 만들 수 있습니다."

우리의 새로운 제안은 많은 사람의 공감을 얻었다. 특히 젊은 층에서 큰 호응을 얻었고, 지역 정치인들도 관심을 보이기 시작했다.

그러던 어느 날, 지역 신문사에서 연락이 왔다.

"여러분의 활동에 대해 취재하고 싶습니다. 특히 이번 플라스틱 공장 반대 운동에 대해 자세히 알고 싶습니다."

우리는 긴장되면서도 기뻤다. 드디어 우리의 목소리를 더널리 알릴 수 있는 기회가 온 것이다.

인터뷰 당일, 우리는 최선을 다해 우리의 입장을 설명했다.

"우리는 단순히 개발을 반대하는 것이 아닙니다. 우리가 원하는 것은 지속 가능한 발전입니다. 지금 당장의 이익이 아니라, 미래 세대를 위한 선택을 해야 한다고 생각합니다."

기사가 나간 후, 우리의 활동은 더 큰 주목을 받게 되었다. 전국 각지에서 비슷한 고민을 하고 있던 청년들이 우리에게 연락해왔고, 우리의 네트워크는 급속도로 확장되었다.

그리고 마침내, 우리의 노력이 결실을 맺는 순간이 왔다. 대기업 측에서 플라스틱 공장 건설 계획을 재검토하겠다고 발표한 것이다.

"우리가 해냈어. 정말 해냈어!"

우리는 서로를 껴안으며 기쁨의 눈물을 흘렸다. 이 순간이 오기까지 얼마나 많은 노력과 고민이 있었는지, 우리만이 알고 있었다.

하지만 이것이 끝이 아니라는 것도 알고 있었다. 오히려 이제부터가 진짜 시작이었다. 우리는 이 경험을 바탕으로 더 큰 꿈을 꾸기 시작했다.

'다음은 뭘 하지, 기후 변화, 아니면 해양 보호?'

우리의 토론은 끝없이 이어졌다. 그리고 그 과정에서 우리는 점점 더 성장해갔다. 단순히 SNS에 글을 올리는 것을 넘어, 정책을 제안하고 실질적인 변화를 만들어내는 활동가로 변모해간 것이다.

특히 우리는 Z세대의 특성을 살린 새로운 형태의 시민 운동을 만들어가고 있었다. 소셜 미디어를 활용한 빠른 정보 전파, 밈(meme)을 활용한 유머러스한 캠페인, 글로벌 연대 등 우리만의 방식으로 사회 변화를 이끌어가고 있었다.

"야, 우리 이거 진짜 대단한 거 아니야?"

지안의 말에 나는 고개를 끄덕였다. 그리고 문득 그날 밤 우연히 본 인스타그램 게시물이 떠올랐다. 그때는 몰랐다. 내 인생이, 아니 어쩌면 세상이 조금씩 변하기 시작할 거라는 것을.

우리의 활동이 주목받기 시작하면서, 전국 각지에서 강연 요청이 들어오기 시작했다. 처음에는 작은 지역 모임이나 학교에서였지만, 점차 큰 컨퍼런스나 기업 연수에서도 우리를 찾기 시작했다.

"해나야, 이번 주 토요일에 서울에서 열리는 환경 컨퍼런스에서 강연해달라는데, 너가 가볼래?"

지안의 제안에 나는 잠시 망설였다. 큰 무대에 서는 것이 여전히 두렵고 부담스러웠다. 하지만 동시에 더 많은 사람들에게 우리의 메시지를 전할 수 있는 기회라는 것도 알고 있었다.

"그래, 한번 해볼게."

컨퍼런스 당일, 나는 떨리는 마음으로 무대에 올랐다. 객석에는 다양한 연령대의 사람들이 앉아있었다. 처음에는 목소리가 떨렸지만, 이야기를 하면 할수록 자신감이 생겼다.

"우리 Z세대는 종종 '관심 없는 세대'라고 비판받습니다. 하지만 저는 그렇게 생각하지 않습니다. 우리는 관심 있습니다. 그리고 행동합니다. 다만 우리만의 방식으로요."

청중들의 반응이 점점 뜨거워지는 것을 느낄 수 있었다. 특히 젊은 층의 호응이 컸다. 강연이 끝나고 많은 사람들이 나에게 다가와 이야기를 나누고 싶어 했다.

"정말 감동받았어요. 저도 뭔가 하고 싶은데 어떻게 시작해야 할지 모르겠어요."

"우리 지역에서도 비슷한 활동을 하고 있는데, 함께 협력할 수 있을까요?"

이런 반응들을 보며 나는 우리의 활동이 정말로 의미 있는 일이라는 확신을 갖게 되었다. 그리고 동시에 더 큰 책임감도 느꼈다. 그날 밤, 호텔 방에 돌아와 나는 SNS에 새로운 게시물을 올렸다.

"오늘 많은 분들을 만나 이야기를 나눴습니다. 우리의 작은 행동이 이렇게 큰 반향을 일으킬 줄 몰랐습니다. 하지만 이제 알겠습니다.

우리 모두가 힘을 합치면 정말로 세상을 바꿀 수 있다는 것을. 함께 해주셔서 감사합니다. 그리고 앞으로도 함께 해주세요."

#변화는지금부터 #Z세대의힘

다음 날 아침, 그 게시물은 엄청난 반응을 얻고 있었다. 수많은 댓글과 공유 그리고 놀랍게도 몇몇 유명인들도 이 게시물을 리포스트하고 있었다.

"와, 대박이다." 하지만 동시에 두려움도 밀려왔다. 이렇게 많은 사람들의 기대를 어떻게 충족시킬 수 있을까? 우리가 정말 옳은 일을 하고 있는 걸까? 이런 고민을 하면서 서울에서의 일정을 마치고 집으로 돌아오는 기차 안에서, 문득 창밖을 바라보았다. 차창 너머로 빠르게 지나가는 풍경들, 그 속에 우리가 지키고자 하는 자연, 우리가 변화시키고자 하는 도시가 공존하고 있었다.

그때 갑자기 한 아이디어가 떠올랐다. 우리의 다음 프로젝트로 '그린 시티' 캠페인을 시작하는 것이 어떨까? 도시 속 자연을 늘리고, 친환경 에너지를 확대하는 프로젝트. 이를 통해 우리의 활동을 더욱 구체화하고 확장할 수 있을 것 같았다.

집에 도착하자마자 나는 지안에게 전화를 걸었다.

"지안아, 나 새로운 아이디어가 있어. 한번 들어볼래?"

이렇게 우리의 새로운 도전이 시작되었다. 우리는 여전히 많은 어려움과 도전에 직면해 있지만, 이제는 두렵지 않다. 우리가 함께하고 있고, 우리를 지지하는 많은 사람들이 있다는 것을 알기 때문이다.

오늘도 나는 스마트폰을 들고 새로운 캠페인을 기획한다. 화면 속에 비치는 내 얼굴에는 작은 미소가 걸려있다. 이제 우리는 단순한 SNS 활동가가 아니다. 우리는 진정한 변화를 만들어가는 Z세대의 목소리다.

그리고 우리의 이야기는 여기서 끝나지 않는다. 새로운 챕터가 시작되고 있다. 그 이야기의 주인공은 바로 우리, 그리고 우리와 함께하는 모든 이들이다.

우리의 '그린 시티' 캠페인은 예상보다 더 큰 반향을 일으켰다. 시작은 작았다. 우리 동네의 작은 공터에 나무를 심고, 벽면 녹화를 시도하는 것부터 시작했다. 그리고 이 모든 과정을 SNS에 공유했다.

"오늘은 우리 동네 을지로에 작은 숲을 만들었어요. 삭막한 도시에 생기를 불어넣는 일, 여러분도 함께해요!"

#그린시티챌린지 #도시숲만들기

처음에는 몇몇 이웃들만 관심을 보였다. 하지만 점점 더 많은 사람들이 우리의 활동에 동참하기 시작했다. 특히 우리 또래들의 반응이 뜨거웠다.

"와, 진짜 멋있다! 우리 동네도 이렇게 바뀌면 좋겠어."

"나도 참여하고 싶은데 어떻게 하면 돼?"

댓글이 달릴 때마다 우리는 더욱 신이 났다. 그리고 우리는 이 열기를 더 크게 만들기로 결심했다.

"야, 우리 이거 전국적으로 확대해볼까?"

지안의 제안에 우리 모두 동의했다. 우리는 '전국그린시티 네트워크'라는 이름으로 새로운 프로젝트를 시작했다. SNS를 통해 각 지역의 청년들과 연결되어, 서로의 활동을 공유하고 응원하는 플랫폼을 만든 것이다. 놀랍게도, 이 움직임은 국경을 넘어 퍼져나가기 시작했다. 일본, 중국, 동남아시아의 청년들이 우리의 활동에 관심을 보이기 시작한 것이다.

"안녕하세요, 저는 도쿄에 사는 타나카입니다. 여러분의 활동에 정말 감명받았어요. 우리도 도쿄에서 비슷한 활동을 시작하고 싶은데, 조언을 구할 수 있을까요?"

이런 메시지들이 하나둘 늘어나기 시작했다. 우리는 영어가 서툴렀지만, 번역기의 도움을 받아가며 열심히 소통했다. 그리고 이 과정에서 우리는 환경 문제가 단순히 한 국가의 문제가 아니라 전 지구적인 문제라는 것을 깨달았다.

"우리, 국제 컨퍼런스 같은 거 한번 열어볼까?"

내 제안에 모두가 흥분했다. 하지만 동시에 걱정도 됐다. 우리같은 평범한 청년들이 과연 그런 큰 행사를 치를 수 있을까?

그러나 우리의 걱정은 기우에 불과했다. SNS를 통해 이 소식을 알리자, 전 세계의 청년들이 폭발적인 관심을 보였다. 그리고 놀랍게도 몇몇 기업들과 국제기구에서도 후원 의사를 밝혀왔다.

"이게 말이 돼? 우리가 진짜 국제 행사를 여는 거야?"

우리 모두 믿기지 않았지만, 현실이었다. 3개월 간의 준비 끝에, 우리는 '글로벌 Z 그린 서밋'이라는 이름으로 국제 컨퍼런스를 개최했다. 행사 당일, 서울의 한 컨벤션 센터는 전 세계에서 모인 청년들로 가득 찼다. 온라인으로 참여하는 사람들까지 합하면 만 명이 넘는 규모였다.

"여러분, 환영합니다. 오늘 우리는 역사적인 순간을 함께하고 있습니다. 전 세계의 Z세대가 하나로 뭉쳐, 우리의 미래를 위해 목소리를 내는 이 순간…."

떨리는 목소리로 개회사를 하는 동안, 나는 문득 우리가 얼마나 멀리 왔는지 깨달았다. 불과 1년 전, 우리는 그저 인스타그램에 게시물 하나 올리는 것으로 시작했다. 그리고 지금, 우리는 전 세계 청년들과 함께 지구의 미래를 논하고 있다.

컨퍼런스는 대성공이었다. 우리는 각국의 환경 정책에 대해 토론하고, 새로운 아이디어를 공유했다. 그리고 마지막 날, 우리는 'Z세대 기후행동 선언문'을 채택했다.

"우리 Z세대는 더 이상 방관자가 아닙니다. 우리는 행동하는
세대입니다. 기성세대가 만들어놓은 문제들을 우리의 방식으로
해결해 나가겠습니다. 우리의 목소리에 귀 기울여주십시오.
우리와 함께 행동해주십시오."

이 선언문은 전 세계 언론의 주목을 받았다. 우리는 갑자기 '기후행동의 아이콘'이 되어 있었다. TV에 나오고, 유명 인사들과 만나고, 심지어 국회에서 연설을 하기도 했다.

하지만 이 과정이 순탄하기만 한 것은 아니었다. 우리를 비난하는 목소리도 있었다.

"겨우 몇몇 애들이 뭘 안다고 큰소리야?"

"그냥 관심받고 싶어서 난리 치는 거 아냐?"

이런 비난들은 우리에게 상처가 됐다. 하지만 동시에 우리를 더 강하게 만들어주기도 했다. 우리는 더 열심히 공부하고, 더 신중하게 행동하기 시작했다. 그리고 깨달았다.

우리의 힘은 단순히 '젊다'는 데 있는 것이 아니라, '함께한다'는 데 있다는 것을. 우리는 서로 연결되어 있고, 서로를 지지하고 있다. 그것이 바로 우리 Z세대의 가장 큰 무기다.

지금 이 순간에도, 전 세계의 Z세대들은 각자의 자리에서 변화를 만들어가고 있다. 누군가는 해변을 청소하고, 누군가는 재생에너지 기술을 연구하고, 환경 정책을 제안하고 있다.

그리고 나? 나는 여전히 이 작은 원룸에서, 스마트폰을 들고 다음 캠페인을 기획하고 있다.

때로는 지치고, 때로는 좌절하기도 한다.
하지만 포기하지 않는다.

우리가 함께라면,
정말로 세상을 바꿀 수 있다.

08 투자에 배팅하고 미래를 찢었다

서울의 한 원룸에서 혼자 사는 이시후(28)는 휴대폰 알람 소리에 눈을 떴다. 아침 7시, 그의 하루가 시작되는 시간이다.

'하아… 오늘도 파이팅.'

시후는 침대에서 일어나 컴퓨터 앞으로 향했다. 그의 일과 중 가장 중요한 순간, 바로 주식과 암호화폐 차트 확인이다.

"어? 이더리움이 올랐네? 근데 주식은… 아, 역시 떨어졌구나."

작은 한숨을 내쉬며 시후는 부엌으로 향했다. 라면을 끓이며 유튜브에서 재테크 관련 영상을 틀었다.

"여러분, 오늘은 디파이에 대해 알아보겠습니다. 디파이란 탈중앙화 금융을 뜻하는…."

시후는 영상을 들으며 고개를 끄덕였다. 얼마 전부터 그는 디파이에 관심을 갖기 시작했다. 은행 없이도 대출을 받고 이자를 벌 수 있다니, 신기하기만 했다.

출근하면서도 시후는 지하철에서도 투자 앱을 들여다보았다. 옆자리의 아저씨가 힐끗 보더니 말을 걸었다.

"젊은 친구, 그거 주식해요?"

"아, 네. 주식도 하고 암호화폐도 조금 해요."

"암호화폐, 그게 뭐예요?"

시후는 잠시 고민했다. 어떻게 설명해야 할까?

"음…, 디지털 화폐라고 생각하시면 돼요. 은행이나 정부 없이도 사람들끼리 직접 거래할 수 있는 돈이에요."

아저씨는 고개를 갸웃거리며 말했다.

"아이고, 난 잘 모르겠어. 그냥 은행에 넣어두는 게 제일 안전한 것 같아. 요즘 주식도 많이 떨어졌다며?"

"네, 맞아요. 제 주식도 많이 떨어졌어요. 하지만 장기적으로 보면 괜찮아질 거라 믿고 있습니다."

회사에 도착한 시후는 평소와 다름없이 일을 시작했다. 그는 IT 회사의 평범한 직원이었다. 점심시간에 동료 미나가 다가왔다.

"시후 씨, 얼마 전에 말했던 그 디파이, 그거 좀 더 자세히 설명해줄 수 있어요? 제 주식이 너무 떨어져서 다른 투자 방법을 찾고 있거든요."

시후의 눈이 번쩍였다. 누군가 관심을 보이다니!

"그럼요! 디파이는 말이죠."

시후는 열정적으로 설명하기 시작했다. 스마트 컨트랙트, 유동성 풀, 수확 농사 등 생소한 용어들이 쏟아져 나왔다.

"음, 너무 복잡한데, 그래도 주식보다 수익률이 좋아 보이네요."

"네, 수익률은 좋을 수 있지만 리스크도 있어요. 암호화폐 자체가 변동성이 크거든요. 신중하게 접근해야 해요."

퇴근 후, 시후는 동네 카페에 들렀다. 그곳에서 온라인 재테크 스터디 모임을 하기로 한 날이었다.

"안녕하세요, 여러분. 오늘은 최근 주식 시장 하락에 대해 이야기해 볼까요? 그리고 이런 상황에서 암호화폐 투자는 어떤 의미가 있을지도 함께 논의해 보면 좋겠습니다."

화면 속 얼굴들이 하나둘 고개를 끄덕였다. 시후는 이 모임에서 많은 것을 배웠고, 때로는 자신의 지식을 나누기도 했다.

"저는 최근 주식 폭락으로 많이 힘들었어요. 그래서 암호화폐에 관심을 갖게 됐는데, 이게 과연 옳은 선택일까요?" 한 참가자가 조심스레 물었다.

"암호화폐도 변동성이 크긴 해요. 하지만 저는 장기적으로 봤을 때 블록체인 기술이 우리 삶을 변화시킬 거라고 믿어요. 다만, 무리한 투자는 위험해요. 감당할 수 있는 금액만 투자하는 게 중요합니다."

모임이 끝나고 집으로 돌아오는 길에 시후는 문득 궁금해졌다. '내가 이렇게 열심히 공부하는 이유가 뭘까, 그저 돈을 벌기 위해서일까?'

집에 도착한 시후는 침대에 누워 천장을 바라보았다. 그는 투자를 통해 경제적 자유를 얻고 싶었다. 하지만 동시에 새로운 기술에 대한 순수한 호기심도 있었다.

'아, 맞다!'

시후는 벌떡 일어나 노트북을 켰다. 오늘이 바로 그가 참여하고 있는 디파이 프로젝트의 수확일이었다.

'어디 보자, 원금 100만원에 2주 동안 5% 수익, 5만원이네.'

작은 금액이었지만, 시후는 뿌듯했다. 은행 적금보다 훨씬 높은 수익률이었다. 하지만 동시에 불안감도 들었다. 이런 고수익이 과연 지속 가능할까?

다음 날 아침, 시후는 부모님께 전화를 걸었다.

"엄마, 아빠. 저번에 말씀드린 거 기억나세요? 제가 디파이로 번 돈으로 치킨 사드린다고 한 거요."

"아이고, 우리 아들, 그런 거 신경 쓰지 마. 위험한 거 하지 말고, 주식도 많이 떨어졌다며? 조심해야 해."

"네, 걱정 마세요. 제가 감당할 수 있는 만큼만 하고 있어요. 주식은 뭐 장기 투자로 생각하고 있어요. 오늘 저녁에 치킨 사갈게요!"

그날 저녁, 시후는 가족들과 함께 치킨을 먹으며 최근의 투자 경험에 대해 이야기했다. 부모님은 여전히 걱정스러운 눈치였지만, 아들의 열정만큼은 인정해 주는 듯했다.

"그래, 네가 좋아하는 일이니까 열심히 해봐. 하지만 무리하지 말고, 젊을 때 돈 잃는 것보다 무서운 게 없어."

"네, 알겠습니다. 항상 조심하고 있어요."

며칠 후, 회사에서 작은 해프닝이 있었다. 월급날이었는데, 해외 송금 문제로 급여 지급이 지연된 것이다.

"아, 어떡하지. 오늘 꼭 결제해야 하는 게 있었는데."

동료들이 한숨을 쉬고 있을 때, 시후가 조심스레 제안했다.

"혹시 암호화폐로 먼저 빌려드릴까요? 나중에 급여 받으면 갚으시면 돼요." 동료들은 놀란 눈으로 시후를 바라보았다.

"정말요, 그게 가능해요?"

"네, 제가 스테이블코인으로 보내드릴게요. 이건 달러와 1:1로 연동된 코인이에요."

그렇게 시후는 몇몇 동료들에게 급전을 빌려주었다. 물론 금액은 크지 않았지만, 이 경험을 통해 동료들은 암호화폐의

실용성을 직접 체감할 수 있었다.

그러나 바로 다음 날, 예상치 못한 일이 벌어졌다. 시후가
투자한 주식 중 하나인 테크 기업의 주가가 실적 쇼크로 인해
40% 넘게 폭락한 것이다.

"

아, 이럴 수가.

"

시후는 충격에 빠졌다. 그의 투자 자금 중 상당 부분이 순식
간에 증발해버렸다. 점심 시간, 미나가 조심스레 다가왔다.
"시후 씨, 괜찮아요? 테크 주식 많이 가지고 있었다고 했잖
아요."
"네, 꽤 큰 손실이네요. 하지만 이런 일을 대비해서 분산 투
자를 해뒀어요. 암호화폐 쪽은 아직 괜찮고요."

"그래도 힘내세요. 주식은 길게 보는 거라면서요? 분명 다시 오를 거예요."

'그래, 이럴 때일수록 냉정해야 해. 패닉 셀링은 절대 안 돼.'

그날 밤, 시후는 자신의 투자 포트폴리오를 꼼꼼히 점검했다. 주식 폭락으로 인한 손실을 만회하기 위해 암호화폐에 올인할까 하는 유혹도 있었지만, 그는 이성적으로 판단하기로 했다.

'아니야, 지금은 오히려 차분히 기다려야 할 때야. 성급한 결정은 더 큰 손실을 불러올 수 있어.'

다음 날, 시후는 회사 동료들과 점심을 먹으며 최근의 주식 시장에 대해 이야기를 나눴다.

"시후 씨는 어떻게 생각해요? 이럴 때일수록 암호화폐에 투자해야 할까요?" 한 동료가 물었다.

"글쎄요, 암호화폐도 변동성이 크긴 해요. 저는 개인적으로 분산 투자가 중요하다고 봐요. 주식, 암호화폐 그리고 안전 자산을 적절히 섞어서 리스크를 관리하는 게 좋을 것 같아요."

동료들은 고개를 끄덕이며 시후의 말에 귀를 기울였다.

"그래도 시후 씨는 이런 상황에서도 침착하네요. 저였다면 패닉 셀링했을 거예요."

"사실 저도 내심 불안해요. 하지만 이런 상황을 여러 번 겪다 보니, 조금은 단련된 것 같아요."

그날 저녁, 시후는 온라인 재테크 스터디 모임에 참여했다. 이날의 주제는 '시장 급락 시 대처 방법'이었다.

"여러분, 최근 주식 시장이 많이 안 좋죠. 오늘은 이런 상황에서 어떻게 대처해야 할지 의견을 나눠보면 좋겠습니다."

참가자들은 저마다의 경험과 전략을 공유했다. 어떤 이는 현금 비중을 높이고 있다고 했고, 또 다른 이는 오히려 지금이 매수 기회라고 주장했다.

시후도 자신의 생각을 털어놓았다. "저는 이번 기회에 제 포트폴리오를 다시 한번 점검했어요. 암호화폐와 주식, 안전 자산의 비중을 재조정했습니다. 그리고 디파이를 통해 스테이블 코인으로 이자 수익을 조금씩 내고 있어요."

다른 참가자가 물었다. "디파이 수익률이 정말 은행 이자보다 높나요. 위험성은 없나요?" 시후는 솔직하게 대답했다.

"네, 수익률은 확실히 높습니다. 하지만 리스크도 있어요. 스마트 컨트랙트 해킹이나 암호화폐 가격 변동성 같은 위험이 있죠. 그래서 저는 감당할 수 있는 금액만 조심스레 운용하고 있어요." 모임이 끝나고 시후는 생각했다.

'나는 과연 올바른 선택을 하고 있는 걸까?'

다음 날, 점심 시간에 미나가 찾아왔다.

"시후 씨, 제가 어제 조금 공부해봤는데요. 디파이가 생각보다 괜찮은 것 같아요. 저도 한번 시도해볼까 하는데, 조언 좀 해주실 수 있나요?"

시후는 미나에게 투자를 권유하고 싶지 않았지만, 동시에 올바른 정보를 제공해야 한다고 느꼈다.

"미나 씨, 디파이는 분명 흥미롭고 높은 수익을 낼 수 있는 방법이에요. 하지만 리스크도 크다는 걸 알아야 해요. 만약 시작하신다면 소액으로 천천히 경험해보는 게 어떨까요?" 미나는 고개를 끄덕였다.

"네, 알겠어요. 신중하게 접근해볼게요. 시후 씨 덕분에 많이 배우고 있어요."

그날 저녁, 시후는 집에 돌아와 다시 한번 자신의 투자 현황을 점검했다. 주식 포트폴리오는 여전히 빨간색이었지만, 암호화폐 쪽은 소폭 상승해 있었다.

'균형이 정말 중요하구나.'

시후는 스스로에게 다짐했다. 앞으로도 꾸준히 공부하고, 신중하게 투자해 나가기로. 주말, 시후는 오랜만에 대학 동기들과 만났다.

"야, 시후야. 너 요즘 재테크 열심히 한다며? 뭐 좋은 거 있으면 우리한테도 알려줘야지."

시후는 잠시 망설였다. 친구들에게 투자 조언을 해주는 것이 부담스럽기도 했지만, 동시에 자신이 아는 정보를 공유하고 싶기도 했다.

"음, 나도 아직 배우는 중이야. 하지만 요즘 암호화폐와 디파이에 대해 공부하고 있어. 관심 있으면 같이 공부해 볼래?"

친구들의 반응은 제각각이었다.

"암호화폐? 그거 위험하다던데…."

"난 관심 있어! 어떻게 시작하는 거야?"

"넌 주식은 안 해? 요즘 주식이 많이 떨어져서 오히려 기회 아니야?"

"주식도 하고 있어. 사실 최근에 큰 손실을 봤지. 하지만 장기적으로 보고 있어. 암호화폐는 글쎄, 새로운 기술이고 잠재력이 있다고 봐. 하지만 리스크도 크지. 결국 각자의 상황과 위험허용범위(risk tolerance)에 따라 결정해야 할 것 같아."

대화는 자연스럽게 각자의 재테크 경험으로 이어졌다. 시후
는 친구들의 다양한 의견을 들으며 새로운 인사이트를 얻을 수
있었다.

　일주일 후, 시후는 회사에서 뜻밖의 제안을 받았다.
　"시후 씨, 우리 회사에서 블록체인 관련 프로젝트를 시작하
려고 해요. 시후 씨가 관심이 많다고 들었는데, 프로젝트 팀에
합류할 의향 있나요?"
　시후는 깜짝 놀랐다. 그의 취미가 이렇게 업무와 연결될 줄
은 몰랐다. "네? 정말인가요? 물론 관심 있습니다! 제가 할 수
있는 일이라면 열심히 하겠습니다."
　그날 밤, 시후는 흥분된 마음을 안고 집에 돌아왔다. 그는
노트북을 켜고 블록체인과 관련된 자료들을 다시 한번 찾아보
기 시작했다.
　'이제 내 지식을 실제 프로젝트에 적용할 수 있겠구나.'
　시후는 새로운 도전에 대한 기대감으로 가득 찼다. 하지만
동시에 부담감도 느꼈다. 그의 지식이 실무에 충분할까?

　다음 날 아침, 시후는 평소보다 일찍 일어나 회사로 향했다.
오늘부터 블록체인 프로젝트 팀 미팅이 시작되는 날이었다.

회의실에 들어서자 몇몇 낯선 얼굴들이 보였다. 프로젝트 리더가 시후를 소개했다.

"여러분, 이분이 우리 팀의 새 멤버 이시후 씨입니다. 블록체인과 암호화폐에 대한 깊은 이해를 가지고 계시죠."

시후는 긴장된 목소리로 인사했다.

"안녕하세요. 열심히 하겠습니다."

회의가 진행되면서 시후는 자신이 알고 있는 지식을 조금씩 공유하기 시작했다. 처음에는 조심스럽게 의견을 내놓았지만, 점차 자신감을 얻어갔다.

"저는 개인적으로 우리 회사의 서비스에 디파이 요소를 접목시키면 재미있는 결과가 나올 수 있을 것 같습니다. 예를 들어⋯."

시후의 아이디어에 팀원들은 흥미롭다는 반응을 보였다. 회의가 끝나고 프로젝트 리더가 시후에게 다가왔다.

"시후 씨, 생각보다 블록체인에 대해 많이 알고 계시네요. 앞으로 이 프로젝트에서 중요한 역할을 해주실 수 있을 것 같아요."

시후는 뿌듯함을 느끼면서도 한편으로는 부담도 컸다. 이제 취미가 실제 업무가 된 것이다.

그날 저녁, 시후는 부모님께 전화를 걸었다.

"엄마, 아빠. 제가 회사에서 새로운 프로젝트를 맡게 됐어요. 제가 관심 있어 하던 블록체인 기술을 활용하는 거예요."

"정말? 우리 아들 대단하네. 근데 그게 뭐하는 건데?"

시후는 최대한 쉽게 설명하려 노력했다.

"음…, 쉽게 말해서 더 안전하고 효율적인 거래 시스템을 만드는 거예요. 은행이나 중개인 없이도 사람들이 직접 거래할 수 있게 하는 기술이에요."

"아이고, 어려운 말이네. 그래도 우리 아들이 열심히 하는 것 같아 기쁘다."

다음 날, 시후는 새로운 열정으로 회사에 출근했다. 점심 시간에 미나가 다가왔다.

"시후 씨, 축하해요! 블록체인 프로젝트 멤버가 됐다면서요?"

"네, 감사합니다. 아직 많이 부족하지만 열심히 할 생각이에요."

"근데 시후 씨, 제가 며칠 전에 말한 대로 소액으로 디파이에 투자해봤어요. 근데 갑자기 수익률이 크게 올랐더라고요. 이럴 때는 어떻게 해야 할까요?"

시후는 미나에게 섣불리 조언을 해주고 싶지 않았지만, 도움을 주고 싶었다.

"음…, 미나 씨, 수익이 났다고 해서 바로 들뜨시면 안 돼요. 암호화폐 시장은 변동성이 매우 크거든요. 지금 수익 난 것에 만족하신다면 일부를 실현하는 것도 좋은 방법일 수 있어요. 하지만 장기적인 관점에서 보신다면 그대로 두셔도 돼요. 결국 본인의 투자 목표와 리스크 허용범위에 따라 결정하셔야 해요."

미나는 고개를 끄덕이며 시후의 말에 귀를 기울였다.

"네, 알겠어요. 역시 시후 씨는 냉정하게 판단하시네요. 저도 그렇게 되고 싶어요."

"저도 아직 배우는 중이에요. 함께 공부해요."

그날 저녁, 시후는 온라인 재테크 스터디 모임에 참석했다. 이날의 주제는 '새로운 블록체인 프로젝트 분석'이었다.

"여러분, 오늘은 최근 주목받고 있는 새로운 블록체인 프로젝트들에 대해 이야기 나눠보겠습니다. 각자 관심 있는 프로젝트를 소개하고 장단점을 분석해볼까요?"

시후는 평소보다 더 열심히 토론에 참여했다. 회사 프로젝트를 위해서라도 다양한 블록체인 프로젝트들을 깊이 이해할 필요가 있었기 때문이다.

모임이 끝나고 시후는 노트북을 끄며 생각에 잠겼다. '이제 내 취미와 일이 하나가 됐구나. 이게 과연 좋은 걸까? 아니면 스트레스가 될까?'

다음 날, 블록체인 프로젝트 회의에서 시후는 자신의 아이디어를 제안했다.

"

저희가 개발하려는 서비스에 NFT 기술을
접목하면 어떨까요?

"

"예를 들어, 사용자들의 활동 내역을 특별한 디지털 자산으로 만들어 보상으로 제공하는 거죠."

팀원들은 시후의 제안에 흥미를 보였고, 프로젝트 리더는 이를 긍정적으로 검토하겠다고 말했다. 회의가 끝나고 시후는 뿌듯한 마음으로 자리로 돌아왔다. 그때 옆자리의 동료가 말을 걸었다.

"시후 씨, 정말 대단해요. 블록체인에 대해 많이 아시네요. 저도 관심이 생겼어요. 어떻게 공부하면 좋을까요?"

"음, 우선 기본적인 개념부터 이해하는 게 중요해요. 블록체인의 원리, 암호화폐의 작동 방식 같은 것들요. 그리고 실제로 소액을 투자해보는 것도 좋은 경험이 될 수 있어요. 물론 감당할 수 있는 금액으로만요." 동료는 고개를 끄덕이며 열심히 메모를 했다. 그날 밤, 시후는 일기를 썼다.

"오늘도 정신없는 하루였다. 회사에서 블록체인 프로젝트를 진행하면서 내 지식을 실제로 적용해볼 수 있어 기쁘다. 하지만 동시에 부담도 크다. 그리고 미나와 회사 동료들이 암호화폐와 블록체인에 관심을 보일 때마다 조심스러워진다. 내가 잘못된 정보를 줘서 그들이 손해를 볼까 봐 걱정되기 때문이다. 앞으로 더 신중하고 책임감 있게 행동해야겠다. 무엇보다 계속해서 공부해야 한다. 이 분야는 정말 빠르게 변화하니까."

'언젠가 이 도시의 모든 거래가 블록체인 위에서 이루어지는 날이 올까?'

시후는 그 상상만으로도 가슴이 뛰는 것을 느꼈다. 그런 미래를 만들어가는 데 자신이 조금이나마 기여할 수 있다는 사실에 책임감을 느꼈다.

그는 다시 한번 다짐했다. 더 열심히 공부하고, 더 신중하게 판단하며, 더 책임감 있게 행동하기로. 그리고 무엇보다, 이 모든 과정을 즐기기로.

시후는 침대에 누워 눈을 감았다. 내일은 어떤 새로운 도전과 기회가 기다리고 있을지, 기대에 부풀어 잠이 들었다.

다음 날 아침, 시후는 평소보다 일찍 일어나 뉴스를 확인했다. 그의 눈이 커졌다.

"어? 이게 무슨 일이야?"

주요 암호화폐의 가격이 하룻밤 사이 20% 이상 폭락한 것이다. 서둘러 자신의 포트폴리오를 확인했다. 역시 큰 손실이 발생했다.

'침착하자. 이런 일은 항상 있어 왔어. 패닉 셀링은 안 돼.'

시후는 심호흡을 하며 자신을 다잡았다. 그는 재빨리 샤워를 하고 회사로 향했다. 회사에 도착하자마자 동료들이 시후에게 몰려들었다.

"시후 씨, 암호화폐 폭락했대요! 어떡해요?"

"저 어제 처음으로 조금 샀는데…, 다 잃은 건가요?"

"진정하세요, 여러분, 암호화폐 시장은 변동성이 큽니다. 이런 일은 종종 있어요. 지금 당장 팔 필요는 없어요. 오히려 장기적인 관점에서 보면 좋은 매수 기회일 수도 있죠."

그의 말에 동료들은 조금씩 안정을 찾아갔다. 점심 시간, 미나가 시후에게 다가왔다.

"시후 씨, 저 엄청 놀랐어요. 투자금의 절반이 사라졌더라고요."

"미나 씨, 괜찮아요. 이런 경험이 우리를 더 강하게 만들어줄 거예요. 지금은 힘들겠지만, 이게 바로 투자의 현실이에요. 우리가 할 수 있는 건 냉정하게 상황을 분석하고, 장기적인 관점을 잃지 않는 거예요."

"네, 알겠어요. 시후 씨 덕분에 조금은 마음이 놓여요."

그날 저녁, 시후는 온라인 재테크 스터디 모임에 참석했다. 예상대로 분위기는 무거웠다.

"여러분, 오늘은 현재 시장 상황에 대해 이야기 나눠보겠습니다. 각자의 대응 전략은 어떤가요?"

"저는 이번 기회에 제 포트폴리오를 다시 한번 점검했어요. 리스크 관리가 제대로 되고 있는지, 너무 한 쪽으로 치우치지는 않았는지 확인했습니다. 그리고 제가 투자한 프로젝트들의 펀더멘털을 다시 한번 분석해봤어요. 기술적 가치가 여전히 있다고 판단되는 프로젝트들은 오히려 추가 매수할 계획입니다."

다른 참가자들도 저마다의 전략을 공유했다. 어떤 이는 모든 걸 현금화했다고 했고, 또 다른 이는 이번 기회에 올인했다고 했다.

모임이 끝나고 시후는 생각했다. '과연 내 판단이 옳은 걸까. 나도 모르게 감정적으로 대응하고 있는 건 아닐까?'

다음 날, 회사의 블록체인 프로젝트 회의에서 시후는 자신의 의견을 조심스레 제시했다.

"어제의 시장 상황을 고려하면, 우리 프로젝트의 리스크 관리 전략을 좀 더 강화해야 할 것 같습니다. 특히 스테이블코인과의 연동을 고려해보는 게 어떨까요?"

팀원들은 시후의 제안에 긍정적인 반응을 보였다.

"좋은 지적이에요, 시후 씨. 역시 실제 투자 경험이 있으니 이런 부분도 놓치지 않는군요."

시후는 뿌듯함을 느끼면서도 한편으로는 부담도 느꼈다. 이제 그의 개인적인 경험과 지식이 회사 프로젝트에 직접적인 영향을 미치고 있었다.

그날 밤, 시후는 다시 한번 자신의 투자 현황을 점검했다. 여전히 손실 상태였지만, 냉정함을 유지하려 노력했다.

'이게 바로 투자의 현실이야. 항상 위험과 기회가 공존하는 법이지.'

불확실성으로 가득한 미래였지만, 여전히 희망을 잃지 않았다.

희망은 단순히 돈을 버는 것이 아닌, 새로운 기술로 세상을 조금씩 변화시켜 나가는 것에 있었다.

암호화폐와 블록체인 세계는 여전히 무한한 가능성의 땅이었다.

비록 위험도 크지만, 그만큼 배울 것도, 이룰 것도 많은 세계….

09 현실을 해킹한 메타버스

"로그아웃하시겠습니까?"

파란 빛의 메시지가 공중에 떠올랐다. 이연우(27)는 잠시 망설였다. 손가락 끝이 '예' 버튼을 향해 움직였지만, 마지막 순간 멈췄다.

'5분만 더…'

연우는 한숨을 내쉬며 주변을 둘러보았다. 끝없이 펼쳐진 은빛 모래사막, 쌍둥이 달이 떠 있는 보랏빛 하늘, 멀리 보이는 수정 같은 건축물들. 이곳은 '크리스탈리아'라 불리는 메타버스 세계였다.

현실로 돌아가면 그녀를 기다리고 있는 것은 단 하나.
'해고 통지서'

글로벌 금융위기로 인한 대량 실업 사태는 2045년의 대한민국을 강타했다. 연우도 그 희생양 중 하나였다.

하지만 그녀에겐 아직 희망이 있었다. 바로 이곳, 크리스탈리아에서. "야, 연우야! 또 꿈벅 거리고 있냐?"

목소리의 주인공은 연우의 절친한 친구이자 파트너인 강승민이었다. 그의 아바타는 은빛 갑옷을 입은 검은 머리의 엘프였다.

"아, 깜짝이야. 왜 이렇게 갑자기 나타나?"

"갑자기라니, 30분 전부터 기다리고 있었거든? 오늘 대규모 레이드 있는 거 잊은 거 아니지?"

연우는 화들짝 놀라 자리에서 일어났다. 맞다. 오늘은 크리스탈리아 최고의 길드들이 모여 '시간의 탑'을 공략하는 날이었다. 이 레이드의 성공 여부에 따라 길드의 운명이 결정될 것이다.

"미안, 잠깐 현실 생각하느라…, 어쨌든 가자!"

두 사람은 빛의 장막을 통과해 순간이동했다. 그들의 눈앞에 거대한 수정 탑이 나타났다. 탑 주변에는 이미 수천 명의 플레이어들이 모여있었다.

"자, 모두 준비됐나?"

길드장 '불멸의 기사'의 목소리가 울려 퍼졌다.

"네!"

일제히 대답하는 소리와 함께, 모험이 시작되었다. 시간의
탑은 크리스탈리아에서 가장 난이도 높은 던전으로 알려져 있
었다. 탑을 정복한 길드에게는 엄청난 보상과 함께 '시간의 지
배자' 칭호가 주어진다. 하지만 그 과정은 결코 쉽지 않았다.

"10층 보스다! 모두 대열 유지해!"

끝없이 이어지는 전투. 연우의 아바타인 '얼음의 마법사'는
쉴 새 없이 주문을 외웠다. 얼음 화살이 날아가 적들을 꿰뚫었
다.

"연우야, 왼쪽이야!"

승민의 외침과 함께 연우는 몸을 날렸다. 그 순간 거대한 불
꽃 기둥이 그녀가 있던 자리를 강타했다.

"휴, 감사."

"당연하지. 우리는 파트너잖아."

두 사람은 미소를 교환했다. 현실에서 연인 사이였던 그들
은 이곳 크리스탈리아에서도 최고의 파트너십을 자랑했다.

레이드는 24시간 동안 계속되었다. 현실에서라면 불가능한

일이지만, 메타버스에서는 가능했다. 피로도 배고픔도 느끼지 않는 아바타들, 하지만 정신적 피로는 어쩔 수 없었다.

"마지막이다! 모두 집중!"

50층, 시간의 탑의 꼭대기였다. 그들 앞에 거대한 시계 모양의 보스 몬스터가 나타났다.

"시간의 수호자…, 드디어 만났군."

불멸의 기사가 중얼거렸다. 모두의 긴장감이 최고조에 달했다. 전투는 치열했다. 시간의 수호자는 과거와 미래를 넘나들며 공격했다. 한번의 공격으로 수십 명의 플레이어가 죽어나갔다.

"이대로는 안 돼… 모두 힘을 모아!"

연우의 외침과 함께 남은 플레이어들이 뭉쳤다. 그들의 마법과 무기가 하나로 합쳐져 거대한 빛의 창을 만들어냈다.

"지금이야!"

빛의 창이 시간의 수호자를 관통했다. 순간 모든 것이 멈춘 듯했다. 그리고….

"축하합니다! 시간의 탑을 정복하셨습니다!"

환호성이 터져 나왔다. 그들은 해냈다. 크리스탈리아 역사상 최초로 시간의 탑을 정복한 것이다.

"우리가 해냈어, 연우야!"

승민이 연우를 와락 껴안았다. 그 순간 연우의 눈에서 눈물이 흘렀다.

"연우야, 울어?"

"아니…, 그냥 너무 기뻐서…"

하지만 그것은 거짓말이었다. 연우의 마음 한 구석에는 씁쓸함이 자리 잡고 있었다. 이렇게 대단한 성취를 이뤘는데, 정작 현실에서의 그녀는….

레이드가 끝나고 보상이 지급되었다. 엄청난 양의 게임 머니와 아이템들, '시간의 지배자' 칭호.

"이걸로 우리 길드는 크리스탈리아 최고가 됐어!"

길드원들의 환호가 이어졌다. 하지만 연우는 조용히 자리를 빠져나왔다.

현실의 방. 연우는 VR 헤드셋을 벗었다. 초라한 원룸이 눈에 들어왔다. 책상 위에는 여전히 해고 통지서가 놓여있었다.

'현실…'

연우는 한숨을 내쉬었다. 메타버스에서의 그녀는 영웅이었다. 수많은 사람들의 존경을 받는 최고의 플레이어. 하지만 현실의 그녀는…. 그때 스마트폰이 울렸다. 승민이었다.

"여보세요?"

"연우야, 큰일 났어."

승민의 목소리가 떨렸다.

"왜, 무슨 일이야?"

"방금 뉴스 봤어? 정부에서 메타버스 규제법을 발표했대. 하루 4시간 이상 접속 금지, 현금화 전면 금지…, 이러다간 우리가 모은 모든 게 물거품이 될지도 몰라."

연우의 얼굴이 창백해졌다. 크리스탈리아에서의 수입이 그녀의 유일한 생계수단이었는데….

"잠깐만, 그럼 우리 길드는 어떻게 돼? 시간의 지배자 칭호는?"

"아직 모르겠어. 하지만 상황이 심각해. 크리스탈리아에서 대규모 시위가 일어나고 있대."

연우는 망설임 없이 다시 VR 헤드셋을 썼다. 크리스탈리아의 중앙 광장, 수십만 명의 아바타들이 모여 있었다.

"우리의 세계를 지키자"

"메타버스는 우리의 희망이다!"

"현실도 가상도 모두 진짜 삶이다!"

외치는 소리들이 뒤섞였다. 연우는 한가운데로 걸어 들어갔다.

"연우야!"

승민이 그녀를 발견하고 달려왔다.

"어떡하지? 이대로 크리스탈리아가 무너지면…"

연우는 잠시 생각에 잠겼다. 그리고 결심한 듯 말했다.

"우리가 지켜야 해."

"뭐?"

"크리스탈리아를… 아니, 우리의 꿈을, 이건 단순한 게임이 아니야. 우리에겐 현실만큼 소중한 세계라고."

연우의 눈에 결의가 차올랐다.

"그래, 네 말이 맞아. 근데 어떻게?"

연우는 미소를 지었다.

"우리에겐 '시간의 지배자' 칭호가 있잖아. 이걸 이용해서 크리스탈리아의 모든 플레이어들을 하나로 모을 거야. 그리고…"

연우의 계획은 대담했다.

크리스탈리아의 모든 플레이어들이 현실 세계에서
평화 시위를 해서 메타버스와 현실을 연결하는 전대미문의
사건을 만들어내는 것이다.

"미쳤어? 그게 가능할까?"

"해보기 전엔 모르지. 하지만 우리가 시도하지 않으면, 누구
도 시도하지 않을 거야."

연우의 말에 승민은 고개를 끄덕였다.

"알았어. 함께 하자."

그렇게 '디지털 엑소더스' 작전이 시작되었다. 연우와 승민은
크리스탈리아 전역을 돌아다니며 플레이어들을 설득했다. 처
음에는 반신반의하는 사람들이 많았지만, 점점 더 많은 이들이
그들의 뜻에 동참했다.

"여러분, 우리는 단순한 아바타가 아닙니다. 우리는 꿈을 가
진 실제 인간들입니다. 크리스탈리아는 우리의 또 다른 고향
이며, 우리의 정체성입니다. 이것을 지키기 위해 함께 싸웁시
다!"

연우의 연설이 크리스탈리아 전역에 울려 퍼졌다. 그리고 마침내 그 날이 왔다.

2045년 7월 7일, 전 세계 주요 도시에서 동시다발적으로 시위가 벌어졌다. 서울, 뉴욕, 런던, 도쿄…, 수백만 명의 사람들이 거리로 쏟아져 나왔다. 그들은 모두 크리스탈리아의 아바타 복장을 하고 있었다.

"메타버스는 우리의 미래다!"

"가상과 현실의 조화를 원한다!"

외치는 소리가 하늘을 울렸다. 전 세계 미디어의 이목이 집중됐다. 연우는 서울 광화문 광장에 서 있었다. 승민이 그녀의 손을 꼭 잡았다.

"연우야, 우리가 해냈어." 그녀의 눈에는 눈물이 고여 있었다. 기쁨의 눈물이었다.

전 세계적인 시위는 각국 정부와 기업들에게 큰 충격을 주었다.

메타버스가 단순한 게임이나 가상 공간이 아닌,
많은 이들의 삶과 직결된 또 다른 현실이라는
사실을 깨닫게 된 것이다.

일주일 후, UN 긴급 총회가 소집되었다. 의제는 '메타버스 시대의 인권과 경제'. 연우는 크리스탈리아 대표로 회의에 초청받았다.

"여러분, 메타버스는 우리에게 새로운 기회의 땅입니다. 현실에서 불가능한 것들을 가능하게 만드는 곳이죠. 동시에 그곳은 우리의 삶과 밀접하게 연결된 현실이기도 합니다. 우리는 이 두 세계의 조화로운 공존을 원합니다."

연우의 연설은 전 세계에 생중계되었다. 그녀의 말 한 마디 한 마디가 사람들의 마음을 울렸다.

결과적으로, 각국 정부는 메타버스에 대한 규제를 완화하고 새로운 가이드라인을 정하기로 합의했다. 메타버스 내에서의 경제 활동을 인정하고, 이를 현실 경제와 연계하는 방안도 논의되었다.

크리스탈리아로 돌아온 연우와 승민, 그들을 기다리고 있던 것은 환호하는 수많은 플레이어들이었다.

"연우! 승민! 우리의 영웅들!"

사람들의 함성이 울려 퍼졌다. 연우는 뭉클한 마음으로 그들을 바라보았다.

"고마워요, 여러분. 우리가 함께했기에 가능했어요."

이제 크리스탈리아는 단순한 게임 세계가 아닌, 공식적으로 인정받는 또 다른 사회가 되었다.

사람들은 현실과 가상을 넘나들며
새로운 삶의 방식을 만들어가기 시작했다.

연우는 이제 크리스탈리아의 대사가 되어 현실 세계와 메타버스를 잇는 가교 역할을 하게 되었다. 그녀의 경험과 통찰력은 두 세계의 조화로운 발전에 큰 도움이 되었다.

"연우야, 우리가 꿈꾸던 세상이 조금씩 현실이 되어가고 있어."

승민의 말에 연우는 미소를 지었다.

"그래. 하지만 아직 갈 길이 멀어. 우리가 계속해서 이 세계를 더 나은 곳으로 만들어가야 해."

그들의 앞에는 미지의 세계가 펼쳐져 있었다. 현실과 가상이 공존하는 새로운 시대. 그 속에서 연우와 승민 그리고 수많은 사람들의 모험은 계속되고 있었다.

5년 후, 2050년.

연우는 서울의 한 고층 빌딩 옥상에 서 있었다. 그녀의 눈앞에는 홀로그램으로 펼쳐진 크리스탈리아의 풍경이 있었다. 현실과 가상이 완벽하게 융합된 모습이었다.

"연우 대사님, 회의 시작합니다."

비서의 목소리에 연우는 고개를 끄덕였다. 그녀는 이제 대한민국의 메타버스 외교부 장관이자 UN 메타버스위원회의 의장이었다. 회의실에 들어서자 현실의 인물들과 홀로그램으로 투영된 아바타들이 함께 자리하고 있었다.

"자, 오늘은 메타버스 기본소득제 도입에 대해 논의하겠습니다."

연우가 입을 열었다. 이는 현실 세계의 경제 위기를 메타버스 경제로 보완하려는 획기적인 시도였다.

회의가 진행되는 동안, 연우는 문득 자신의 과거를 떠올렸다. 해고 통지서를 받고 절망에 빠졌던 그때, 크리스탈리아는 그녀에게 새로운 희망이 되어주었다. 그리고 지금, 그 경험을 바탕으로 더 많은 사람들에게 희망을 주고 있었다.

"여러분, 우리는 지금 역사의 한 페이지를 쓰고 있습니다. 메타버스는 단순한 도피처가 아닙니다. 그것은 우리 모두의 가능성을 확장하는 새로운 세계입니다. 이 세계를 어떻게 만들어갈지는 우리의 선택에 달려있습니다."

회의가 끝나고 연우는 잠시 휴식을 취하기 위해 크리스탈리아에 접속했다. 그녀의 아바타 '얼음의 마법사'가 나타났다.
"오랜만이네."

승민이었다. 그는 여전히 은빛 갑옷을 입은 엘프의 모습이었다.

"그러게. 요즘 너무 바빠서 이렇게 편하게 만나기 힘들었어."

두 사람은 크리스탈리아의 한 언덕에 앉았다. 눈앞에는 끝없이 펼쳐진 판타지 세계가 있었다.

"가끔 그때가 그리워." 승민이 말했다.
"그래, 나도. 하지만 우리가 꿈꾸던 세상이 조금씩 현실이 되어가고 있잖아." 연우가 대답했다.
"맞아. 네가 있어 자랑스러워." 승민이 연우의 손을 잡았다. 비록 가상의 공간이었지만, 그 온기는 따뜻했다.

"우리가 함께라면, 어떤 세계든 아름답게 만들 수 있을 거야."

연우의 말에 승민은 고개를 끄덕였다. 그들의 앞에는 여전히 수많은 과제가 놓여 있었다. 메타버스의 윤리 문제, 디지털 격차 해소, 현실과 가상의 균형… 풀어야 할 숙제들이 산적해 있었다.

하지만 연우는 두렵지 않았다. 그녀에겐 이 모든 것을 함께 헤쳐나갈 동료들이 있었다. 현실과 가상을 넘나드는 수많은 사람들, 그들과 함께라면 어떤 어려움도 극복할 수 있을 것이다.

"자, 이제 가볼까? 새로운 모험이 우리를 기다리고 있을 거야."

연우가 일어섰다. 승민도 따라 일어났다. 그들의 앞에 새로운 세계가 펼쳐지고 있었다. 현실과 가상이 공존하는 미지의 땅. 그곳에서 연우와 승민 그리고 수많은 사람들의 이야기는 계속될 것이다.

디지털 엑소더스.
그것은 끝이 아닌 새로운 시작이었다.

10 퀀텀 게임의 유혹

2035년 서울, 8월의 어느 토요일.

나는 긴장된 마음으로 '퀀텀 아레나'라고 불리는 거대한 돔 형태의 건물 앞에 섰다. 햇빛에 반사되는 건물의 표면은 마치 살아있는 것처럼 끊임없이 색을 변화시키고 있었다. 파란색, 보라색, 초록색…, 그 화려한 색의 향연은 마치 퀀텀 상태의 불확실성을 시각화한 것 같았다.

오늘은 세계 최초의 퀀텀 가상현실 게임 대회 '퀀텀 클래시' 가 열리는 날이다. 나는 운 좋게도 이 대회의 참가자로 선발되었다. 전 세계에서 단 100명만이 이 영광을 얻었다.

입구에 들어서자 차가운 바람이 내 얼굴을 스쳤다. 긴장감으로 살짝 땀이 났던 이마가 시원해졌다. 로비는 미래 지향적인 디자인으로 가득 차 있었다. 바닥은 마치 은하수를 밟고 있는 것처럼 반짝거렸고, 천장에는 홀로그램으로 만들어진 거대한 DNA 구조가 천천히 회전하고 있었다.

갑자기 내 앞에 푸른색 빛으로 만들어진 인체형 홀로그램이 나타났다. 안내 AI였다.

"하다혜 님, 환영합니다. 6번 게임 포드로 안내해 드리겠습니다. 저를 따라오세요."

나는 홀로그램을 따라 걸으며 주변을 둘러보았다. 벽면에는 대형 홀로그램 디스플레이가 설치되어 있었고, 그곳에서는 대회 규칙과 게임 세계에 대한 정보가 흘러나오고 있었다.

"퀀텀 클래시는 양자 얽힘 원리를 이용한 초현실적 게임입니다. 플레이어의 뇌파와 퀀텀 컴퓨터가 직접 연결되어, 생각만으로 게임 세계를 조작할 수 있습니다. 현실과 가상의 경계가 모호해질 수 있습니다. 주의하세요."

이 문구를 보자 가슴이 두근거렸다. 과연 어떤 경험을 하게 될까? 잠시 후 우리는 거대한 원형 홀에 도착했다. 그곳에는 100개의 게임 포드가 원형으로 배치되어 있었다. 각 포드는 반투명한 돔 형태로, 내부가 희미하게 보였다.

"여기가 6번 포드입니다. 행운을 빕니다. 하다혜 님."

홀로그램이 사라지고, 포드의 문이 스르륵 열렸다. 나는 깊은 숨을 들이쉬고 안으로 들어섰다. 포드 내부는 예상과 달리 아늑했다. 벽면은 부드러운 빛을 발산하고 있었고, 중앙에는 편안해 보이는 의자 하나가 있었다.

의자에 앉자 자동으로 센서들이 내 몸에 부착되었다. 이마, 손목, 발목…, 차가운 감촉이 느껴졌다. 그리고 눈앞에 반투명한 스크린이 나타났다.

"게임을 시작합니다. 카운트다운: 3, 2, 1…."

순간 내 의식이 휘청했다. 마치 롤러코스터를 탄 것처럼 어지러움이 몰려왔다. 그리고 눈을 떴을 때, 나는 완전히 다른 세계에 서 있었다. 끝없이 펼쳐진 붉은 사막이 눈앞에 펼쳐졌다. 발 아래로는 부드러운 모래가 느껴졌다. 바람이 불 때마다 모래가 흩날렸고, 그 모습이 마치 춤을 추는 것 같았다. 지평선저 멀리에는 거대한 피라미드가 보였다. 그리고 하늘에는…, 두 개의 달이 떠 있었다. 하나는 우리가 알고 있는 달과 비슷했지만, 다른 하나는 푸른빛을 띠고 있었다.

나는 잠시 숨을 골랐다. 이 모든 것이 너무나 생생해서 꿈인지 현실인지 구분이 가지 않았다. 손을 뻗어 모래를 만져보았다. 따뜻하고 부드러운 감촉이 느껴졌다. 코로 숨을 들이마시자 건조한 사막의 공기가 느껴졌다. 그때 하늘에서 목소리가 들려왔다.

"첫 번째 미션: 피라미드 정상에 있는 퀀텀 크리스탈을 차지하세요. 주의하실 부분은 여러분의 생각이 이 세계를 변화시킬 수 있습니다. 집중하세요."

나는 본능적으로 피라미드를 향해 달리기 시작했다. 그런데 이상한 일이 벌어졌다. 내가 '더 빨리 가고 싶다'고 생각하는 순간, 갑자기 내 발에서 모래를 날리는 제트 분사기가 생겼다. 놀라움도 잠시, 전속력으로 피라미드를 향해 달렸다. 피라미드에 가까워질수록 그 크기가 실감났다. 저 거대한 구조물을 어떻게 올라갈 수 있을까 고민하던 찰나, 문득 '위로 올라가고 싶다'는 생각이 스쳤다. 그 순간 믿을 수 없는 일이 벌어졌다. 내 몸이 공중으로 떠올랐다. 마치 중력을 조종하는 것 같았다.

나는 이 새로운 능력을 즐기며 피라미드를 빠르게 올라갔다. 높이 올라갈수록 주변 경관이 더욱 장관이었다. 붉은 사막이 끝없이 펼쳐져 있었고, 저 멀리 지평선에서는 오로라 같은 현상이 일어나고 있었다.

정상에 거의 다다랐을 때, 다른 참가자와 마주쳤다. 우리는 서로를 쳐다보며 긴장감 넘치는 순간을 보냈다. 상대방은 나보다 조금 더 나이 들어 보이는 남성이었다. 그의 눈에서는 결연한 의지가 느껴졌다. 그때 나는 깨달았다.

'이건 그냥 게임이야. 현실이 아니라고.
내 생각대로 모든 게 변한다면…'

그 순간 놀라운 일이 벌어졌다. 내 생각이 현실이 되어, 상대방 플레이어가 갑자기 반투명해지더니 사라져버린 것이다. 나는 재빨리 피라미드 정상에 있는 퀀텀 크리스탈을 향해 달려갔다.

크리스탈은 예상과는 다르게 생겼다. 그것은 고체도 액체도 아닌, 무언가 그 사이의 상태였다. 표면은 끊임없이 변화하고 있었고, 그 안에서는 갖가지 색상의 빛이 소용돌이치고 있었다.

나는 조심스럽게 손을 뻗어 크리스탈을 잡았다. 그 순간 강렬한 에너지가 내 몸을 관통하는 것 같았다. 주변의 모든 것이 빛으로 변하기 시작했고, 나는 점점 의식을 잃어갔다.
"승리했습니다! 하다혜 선수, 축하드립니다!"

목소리와 함께 나는 다시 현실 세계로 돌아왔다. 게임 포드의 문이 열리고, 눈부신 빛이 쏟아져 들어왔다. 나는 천천히 일어나 포드 밖으로 나왔다.

관중석에서 환호성이 터져 나왔다. 대형 스크린에는 내 모습이 비춰지고 있었다. 나는 어리둥절한 표정으로 주변을 둘러보았다. 방금 전까지 내가 경험한 세계가 믿기지 않았다. 시상식이 끝나고 인터뷰가 이어졌다. 기자들은 다양한 질문을 쏟아냈다.

"
퀀텀 게임을 경험한 소감이 어떠신가요?
"

"

현실과 가상의 경계를 느끼셨나요?

"

"

이 기술이 앞으로 우리 사회에 어떤 영향을
미칠 것 같으신가요?

"

나는 최대한 침착하게 대답하려했지만, 내 마음은 아직도 혼란스러웠다. 게임에서의 경험이 너무나 생생해서 이것이 현실인지 게임 속인지 분간이 가지 않았다.

인터뷰가 끝나고 나서야 겨우 집으로 돌아올 수 있었다. 집 앞에 서자 이상한 기분이 들었다. 이 모든 것이 또 다른 가상 현실은 아닐까? 문을 열고 들어가자 익숙한 냄새가 나를 반겼다. 집안의 모든 것이 여전히 그대로였다.

나는 침대에 몸을 던졌다. 피곤함이 밀려왔지만, 동시에 흥분된 마음도 가라앉지 않았다. 천장을 바라보며 오늘 있었던 일들을 되새겼다.

퀀텀 게임에서의 경험은 단순한 게임 이상이었다. 그것은 마치 또 다른 현실을 경험한 것 같았다. 내 생각으로 세상을 바꿀 수 있다는 것, 그것이 실제로 일어나는 것을 보는 것은 정말 놀라운 경험이었다. 하지만 동시에 두려움도 느꼈다. 만약 이 기술이 더욱 발전해서 현실과 구분할 수 없게 된다면 어떻게 될까? 우리는 어떻게 진짜 현실을 구분할 수 있을까?

그리고 또 하나의 생각이 떠올랐다.

우리가 살고 있는 이 현실도 어쩌면 거대한 퀀텀 시뮬레이션은 아닐까?

우리의 생각과 행동이 이 세계를 만들어가고 있는 건 아닐까?

이런 생각들이 꼬리에 꼬리를 물고 이어졌다. 나는 한숨을 쉬며 눈을 감았다. 내일은 꼭 친구들을 만나 이 경험에 대해 이야기를 나눠야겠다고 생각했다.

잠들기 전, 문득 게임에서 보았던 두 개의 달이 떠오르더니 그 이미지와 함께 깊은 잠에 빠져들었다.

다음 날 아침, 여전히 혼란스러운 상태로 눈을 떴다. 창밖으로 보이는 서울의 풍경이 어제와 똑같아 보이면서도 어딘가 다르게 느껴졌다. 마치 모든 것이 좀 더 선명해지고, 깊이감이 생긴 것 같았다. 아침 식사를 하며 뉴스를 확인했다. 예상대로 퀀텀 클래시 대회 소식이 헤드라인을 장식하고 있었다.

"퀀텀 컴퓨팅, 가상현실의 새 지평을 열다"

"퀀텀 클래시 우승자 인터뷰: 현실과 가상의 경계를 넘나들었다"

"전문가들 경고: 퀀텀 VR의 심리적 영향 연구 필요"

마지막 기사 제목이 눈에 띄었다. 나도 모르게 그 기사를 클릭했다.

"퀀텀 VR 경험이 참가자들의 현실 인식에 영향을 미칠 수 있다는 우려가 제기되고 있습니다. 특히 게임 중 경험한 '생각으로 현실을 조작하는' 능력이 실제 현실에서도 가능하다고 착각하는 '퀀텀 망상증'이 나타날 수 있다고 전문가들은 경고하고 있습니다."

　　나는 기사를 읽으며 불안감이 커지는 것을 느꼈다. 어제의 경험이 단순한 게임이 아니었다는 것을 나는 잘 알고 있었다. 그리고 지금 이 순간에도, 내가 보고 있는 이 현실이 진짜인지 의심이 들기 시작했다.

　　오후가 되자 나는 약속대로 친구들을 만났다. 우리는 도심의 카페에 모였다. 테이블에 앉자마자 질문을 쏟아냈다.

　　"야, 정말 대단하더라. 어떤 느낌이었어?"

　　"진짜 생각만으로 모든 걸 조종할 수 있었어?"

　　"현실로 돌아오고 나서 적응하는 데 힘들진 않았어?"

　　나는 최대한 자세히 내 경험을 설명했다. 사막의 모래 느낌, 두 개의 달, 중력을 무시하고 날아오르는 감각, 상대방 플레이어를 생각만으로 사라지게 한 경험까지.

　　"와, 놀랍다. 근데 좀 무서운데? 그런 힘을 가진다는 게."

"맞아. 그런 경험을 하고 나면 현실에서도 그런 일이 가능할 것 같은 착각이 들지 않아?"

친구의 말에 나는 잠시 침묵했다. 사실 나도 그런 생각이 들었기 때문이다.

"사실, 그래. 가끔 이게 진짜 현실인지 의심이 들어. 어쩌면 지금 이 순간도 내 생각으로 바꿀 수 있지 않을까 하는 생각이 들어."

친구들의 표정이 걱정스러워졌다.

"야, 그건 위험한 생각이야. 그 기사 못 봤어? 퀀텀 망상증이라고…."

"맞아. 너 괜찮은 거 맞아? 혹시 상담이라도 받아보는 게 어때?"

나는 친구들의 걱정을 무마하려 노력했지만, 내심 불안했다. 이 느낌이 정상일까? 아니면 정말 내가 뭔가 이상해진 걸까? 카페를 나와 집으로 돌아가는 길에 나는 주변의 모든 것을 유심히 관찰했다. 지나가는 사람들, 도로를 달리는 자동차들, 하늘을 나는 새들…, 모든 것이 평소와 같아 보이면서도 어딘가 달랐다. 집에 도착해 현관문 앞에 서자, 갑자기 어떤 생각이 들었다.

'만약 내가 정말로 이 문이 열리기를 강하게 바란다면…'

나는 깊게 숨을 들이쉬고 문에 집중했다. 머릿속으로 문이 열리는 모습을 그렸다. 하지만 당연하게도 아무 일도 일어나지 않았다.

안도감과 실망감이 동시에 밀려왔다. 이것이 현실이라는 증거였지만, 동시에 게임에서 느꼈던 그 강력한 힘을 다시는 경험할 수 없다는 것을 의미하기도 했다.

방에 들어와 침대에 누웠다. 천장을 바라보며 생각에 잠겼다. 퀀텀 컴퓨팅이 만들어낸 이 새로운 경험은 우리의 현실 인식을 어디까지 바꿀 수 있을까? 그리고 우리는 과연 이 변화에 잘 적응할 수 있을까? 창밖으로 노을이 지고 있었다. 붉은 빛이 방 안을 가득 채웠다. 그 모습이 퀀텀 게임에서 봤던 사막의 모래를 떠올리게 했다.

나는 스마트폰을 들어 퀀텀 클래시 공식 앱을 열었다. 다음 대회 일정이 공지되어 있었다. 손가락이 '참가 신청' 버튼 위에서 머뭇거렸다. 잠시 고민하다 나는 '참가 신청' 버튼을 눌렀다. 화면에 '신청이 완료되었습니다'라는 메시지가 떴다. 가슴이 두근거렸다. 두려움과 기대감이 뒤섞인 감정이었다.

그날 밤, 나는 이상한 꿈을 꾸었다. 꿈속에서 끝없는 퀀텀 미로를 헤매고 있었다. 미로의 벽은 계속해서 모양을 바꾸었고, 가는 길마다 새로운 현실이 펼쳐졌다. 때로는 지구와 비슷한 풍경이, 때로는 상상조차 할 수 없는 이상한 세계가 나타났다.

꿈에서 깨어났을 때, 식은땀을 흘리고 있었다. 시계를 보니 새벽 3시였다. 잠을 깨려고 물을 마시러 부엌으로 향했다.

어둠 속에서 물을 마시며 창밖을 바라보았다. 도시의 불빛들이 반짝이고 있었다. 문득 이 풍경이 퀀텀 게임에서 본 오로라와 비슷하다는 생각이 들었다.

다음 날부터 나는 퀀텀 클래시 대회를 준비하기 시작했다. 공식 트레이닝 프로그램을 다운로드 받아 매일 연습했다. 이 프로그램은 실제 게임만큼 강렬하지는 않았지만, 기본적인 원리를 익히는 데 도움이 되었다.

훈련을 하면서 점점 더 이 기술에 매료되어 갔다. 퀀텀 컴퓨팅의 원리를 이해하려고 노력했고, 관련 서적과 논문들을 찾아 읽었다. 양자 얽힘, 중첩 상태, 관측의 역설 등 난해한 개념들이었지만, 이해할 때마다 세상을 바라보는 시각이 조금씩 바뀌는 것 같았다.

한 달이 지나고 대회 날이 다가왔다. 이번에는 첫 대회와는 달리 긴장감보다는 설렘이 더 컸다.

퀀텀 아레나에 도착했을 때, 나는 놀라움을 금치 못했다. 건물 외관이 완전히 바뀌어 있었다. 이제는 마치 거대한 퀀텀 컴퓨터 칩 모양을 하고 있었고, 표면에서는 데이터가 흐르는 것처럼 빛이 움직이고 있었다.

안으로 들어가자 이전보다 더 많은 사람들로 붐비고 있었다. 참가자뿐만 아니라 관중들도 늘어난 것 같았다. 대형 스크린에서는 이번 대회의 새로운 규칙들이 소개되고 있었다.

"이번 퀀텀 클래시에서는 플레이어들 간의
양자 얽힘이 가능합니다. 서로의 생각을 읽고
영향을 줄 수 있으니 주의하세요."

205

이 말에 나는 흠칫 놀랐다. 다른 사람의 생각을 읽는다고? 그건 너무 사생활 침해 아닌가? 하지만 동시에 흥미로운 점도 있었다. 이것이 현실에서 가능해진다면 우리의 소통 방식이 완전히 바뀔 것이다. 드디어 내 차례가 되어 게임 포드에 올랐다. 이번엔 이전과 달리 머리에 특별한 장치를 추가로 착용해야 했다. 퀀텀 얽힘을 위한 장치라고 했다.

게임이 시작되고 나는 또 다시 낯선 세계에 던져졌다. 이번엔 우주 공간이었다. 무중력 상태에서 떠다니며 나는 주변을 살폈다. 멀리 행성들이 보였고, 별들이 반짝이고 있었다.

그때 다른 플레이어가 나타났다. 우리는 서로를 바라보았고, 갑자기 이상한 느낌이 들었다. 마치 상대방의 생각이 내 머릿속으로 흘러들어오는 것 같았다.

'저 사람은 지금 긴장하고 있어. 그리고 저쪽 행성으로 가려고 해.'

나는 놀라움을 금치 못했다. 정말로 상대방의 생각을 읽은 것일까? 아니면 단순히 내 상상일까?

게임은 계속되었고, 점점 더 이 새로운 능력에 익숙해져 갔다. 다른 플레이어들의 생각을 읽고, 때로는 그들의 생각에 영향을 주기도 했다. 게임이 진행될수록 이 능력에 더욱 매료되었다.

다른 사람의 생각을 읽는 것은 단순히 게임의 전략을
파악하는 것을 넘어서, 그들의 감정과 경험까지도 느낄 수
있게 해주었다. 한 플레이어의 두려움, 다른 이의 흥분,
또 다른 누군가의 결연한 의지, 이 모든 것이 내 안에서 공명했다.

그러다 문득 한 가지 생각이 스쳤다. '만약 이 능력이 현실에
서도 가능하다면?' 순간 나는 그 가능성에 대해 두려움과 기대
감을 동시에 느꼈다. 게임은 예상보다 빨리 끝났다. 이번에 나
는 3위를 차지했다. 포드에서 나오자 환호성이 들렸지만, 내
머릿속은 여전히 게임에서의 경험으로 가득 차 있었다. 시상식
이 끝나고 인터뷰가 이어졌다. 기자들은 이번 게임의 새로운
기능에 대해 특히 관심이 많았다.

"다른 플레이어의 생각을 읽는 경험이 어땠나요?"

"현실에서도 이런 기술이 가능해질 거라고 생각하시나요?"

"프라이버시 문제에 대해서는 어떻게 생각하시나요?"

"솔직히 말씀드리면, 처음에는 무서웠습니다. 다른 사람의
내면을 들여다본다는 게 부담스러웠죠. 하지만 점점 그것이 얼

마나 강력한 소통의 도구가 될 수 있는지 깨달았습니다. 현실에서 이런 기술이 가능해진다면, 우리 사회가 완전히 바뀔 거예요. 물론 프라이버시 문제는 심각하게 고려해야 할 것 같습니다."

인터뷰가 끝나고 집으로 돌아오는 길에도 계속해서 이 경험에 대해 곱씹어 보았다. 지하철에 앉아 주변 사람들을 바라보며 생각했다. '저 사람들의 생각을 읽을 수 있다면 어떨까? 그들의 고민, 기쁨, 슬픔을 모두 알 수 있다면…?

집에 도착해 씻고 침대에 누웠지만, 쉽게 잠들 수 없었다. 머릿속에서는 계속해서 새로운 생각들이 떠올랐다. 퀀텀 기술이 우리의 삶을 어디까지 바꿀 수 있을까? 우리는 과연 그 변화에 적응할 수 있을까?

다음 날 아침, 나는 결심을 하고 일어났다. 퀀텀 컴퓨팅에 대해 더 깊이 공부해 보기로 한 것이다.

단순히 게임을 즐기는 것을 넘어서, 이 기술이 우리 사회에 미칠 영향에 대해 진지하게 고민해 보고 싶었다.

대학의 퀀텀 컴퓨팅 연구소에 메일을 보냈다. 방문 견학과 인터뷰를 요청하는 내용이었다. 놀랍게도 빠른 답장이 왔고, 다음 주에 방문하기로 약속했다. 방문하기 전에 퀀텀 컴퓨팅에 대한 기초적인 내용들을 공부했다. 양자역학의 기본 원리부터 시작해 퀀텀 비트, 양자 얽힘, 중첩 상태 등 복잡한 개념들을 이해하려 노력했다.

드디어 방문 날이 되었다. 연구소는 내가 상상했던 것보다 훨씬 더 미래적인 모습이었다. 입구에 들어서자 홀로그램 안내원이 나를 맞이했다.

"하다혜님, 환영합니다. 퀀텀 연구소에 오신 것을 환영합니다. 주의사항을 안내해 드리겠습니다. 이곳에서는 양자 상태에 영향을 줄 수 있는 어떠한 전자기기도 사용할 수 없습니다."

나는 긴장된 마음으로 안내에 따라 연구소 내부로 들어섰다. 그곳에서 나를 맞이한 것은 거대한 기계들과 끊임없이 깜빡이는 모니터들이었다.

연구소의 책임자인 박 교수가 나를 맞이했다. 그는 50대 중반으로 보이는 남성이었지만, 눈빛만큼은 호기심 많은 학생처럼 반짝였다.

"하다혜 씨, 반갑습니다. 퀀텀 클래시 대회에서 뵌 적이 있죠. 흥미로운 경험을 하셨다고 들었습니다."

나는 놀라움을 감추지 못했다.

"교수님께서 그 대회를 보셨나요?"

"물론입니다. 우리 연구소가 그 게임의 기술적 기반을 제공했거든요. 특히 마지막 대회에서 선보인 '양자 얽힘을 통한 생각 읽기' 기술은 우리의 최신 연구 결과였죠."

"정말 놀라운 기술이었어요. 하지만 동시에 조금 두렵기도 했습니다. 이런 기술이 현실에서 사용된다면 어떤 영향을 미칠까요?"

"좋은 질문입니다. 그것이 바로 우리가 지금 연구하고 있는 주제 중 하나입니다. 기술의 발전과 윤리적 문제는 항상 함께 가야 하니까요. 연구실을 좀 둘러보시겠어요?"

우리는 연구소 내부를 천천히 걸으며 대화를 나눴다. 각 실험실에서는 다양한 퀀텀 기술들이 개발되고 있었다. 양자 암호화, 양자 센서, 양자 시뮬레이션 등 내가 상상했던 것보다 훨씬 더 다양한 분야에 퀀텀 기술이 적용되고 있었다. 한 실험실 앞에서 박 교수가 멈춰 섰다.

"이곳에서는 인간의 뇌와 퀀텀 컴퓨터를 직접 연결하는 연구를 하고 있습니다. 퀀텀 클래시 게임에서 경험하신 것보다 훨씬 더 깊은 수준의 연결이 가능해질 거예요."

"그렇게 되면 우리의 생각이 완전히 투명해지는 건가요?"

"그렇지만은 않습니다. 우리는 개인의 프라이버시를 보호하면서도 필요한 정보만을 공유할 수 있는 방법을 연구하고 있어요. 예를 들어 의료 분야에서는 환자의 상태를 더 정확히 파악할 수 있겠죠."

우리는 계속해서 연구소를 둘러보며 이야기를 나눴다. 퀀텀 기술이 가져올 미래에 대해, 그리고 그에 따른 윤리적 문제들에 대해 깊이 있는 대화를 나눌 수 있었다.

견학이 끝나갈 무렵, 박 교수가 "다혜 씨, 혹시 우리 연구소에서 인턴으로 일해볼 생각 없으세요? 당신같이 이 기술에 대해 진지하게 고민하는 젊은이가 필요합니다."

나는 잠시 망설였다. 이것은 내 인생의 방향을 완전히 바꿀 수 있는 제안이었다. 하지만 이 흥미진진한 기술의 최전선에서 일할 수 있는 기회이기도 했다.

"시간을 좀 주시겠어요? 생각해 보고 답변 드리겠습니다."

"물론입니다. 천천히 생각해 보세요."

연구소를 나와 집으로 가면서도 머릿속은 온통 오늘 본 것들과 들은 이야기들로 가득 찼다. 퀀텀 기술이 열어줄 새로운 세상, 그 속에서 내가 할 수 있는 역할에 대해 생각하며 가슴이 뛰었다.

집에 도착해 창밖을 바라보며 생각했다. 저 도시의 풍경이 퀀텀 기술로 인해 어떻게 변할까? 우리의 일상은 어떻게 달라질까? 그 변화의 한가운데에서 나는 무엇을 할 수 있을까?

이런 생각들을 하며 잠에 빠져들었다. 꿈속에서도 여전히 퀀텀 컴퓨터와 대화를 나누고 있었다. 그 대화 속에서 미래의 모습이 조금씩 그려지고 있었다.

다음 날 아침, 결심을 하고 일어났다. 박 교수의 제안을 받아들이기로 한 것이다. 퀀텀 기술의 발전에 직접 참여하고 싶었고, 그 과정에서 발생할 수 있는 윤리적 문제들에 대해서도 깊이 고민하고 싶었다.

연구소에 연락을 취하고 인턴십 절차를 밟기 시작했다. 그 과정에서 더 많은 퀀텀 관련 서적들을 읽고 온라인 강의를 들었다. 처음에는 난해하게만 느껴졌던 개념들이 조금씩 이해되기 시작했다.

인턴십이 시작되고 얼마 지나지 않아, 놀라운 프로젝트에 참여하게 되었다. 그것은 '퀀텀 드림'이라 불리는 것으로, 퀀텀 컴퓨터를 이용해 인간의 꿈을 기록하고 재생하는 기술이었다.

"인간의 꿈은 무의식의 세계를 반영합니다,"

프로젝트 리더인 김 박사가 설명했다. "이 기술을 통해 우리는 인간 정신의 가장 깊은 곳까지 탐구할 수 있을 겁니다."

처음에 나는 이 프로젝트에 대해 회의적이었다. 꿈이라는 지극히 개인적인 영역을 기술로 침범하는 것이 옳은 일인지 의문이 들었기 때문이다. 하지만 연구가 진행될수록, 이 기술이 가진 잠재력에 매료되기 시작했다.

퀀텀 드림 기술은 단순히 꿈을 기록하는 것을 넘어, 꿈을 통해 트라우마를 치료하고 창의성을 증진시키는 데에도 사용될 수 있었다. 또한, 이 기술을 통해 인간의 무의식에 대한 이해를 크게 높일 수 있었다.

그러던 어느 날, 우리 팀은 중요한 돌파구를 마련했다.

꿈을 기록하는 것을 넘어,
다른 사람의 꿈을 경험할 수 있는 기술을 개발한 것이다.

"이것은 혁명적인 발견입니다," 김 박사가 흥분된 목소리로
말했다.

"

이제 우리는 문자 그대로 다른 사람의 꿈을
꿀 수 있게 된 겁니다.

"

그날 밤, 첫 번째 '꿈 공유' 실험의 자원자가 되었다. 머리에 특수 장치를 쓰고 눈을 감았다. 그리고 곧바로 김박사의 꿈 속으로 빠져들었다.

그것은 말로 표현하기 힘든 경험이었다. 내가 본 것은 단순한 이미지나 장면이 아니었다. 그것은 감정, 기억, 무의식적 욕망이 뒤섞인 복잡한 세계였다. 나는 김 박사의 어린 시절 기억, 그의 두려움과 희망, 깊은 내면의 갈등들을 경험했다. 실험이 끝나고 깨어났을 때, 깊은 충격에 빠져 있었다.

다른 사람의 내면세계를 그토록 직접적으로 경험한다는 것이 어떤 의미인지 이제야 깨달은 것이다.

"괜찮아요?" 김 박사가 걱정스러운 표정으로 물었다.

"네…, 하지만 이건 정말 엄청난 일이에요. 우리가 이 기술을 어떻게 사용해야 할지 신중하게 고민해야 할 것 같아요."

"맞아요. 이 기술은 양날의 검이 될 수 있습니다. 우리의 책임이 더욱 커진 거죠."

그날 이후, 우리 팀은 퀀텀 드림 기술의 윤리적 사용에 대해 더욱 진지하게 토론하기 시작했다.

이 기술이 가져올 수 있는 긍정적인 변화와 동시에 발생할 수 있는 문제점들에 대해서도 깊이 있게 고민했다.

이 경험을 계기로 퀀텀 기술의 윤리적 측면에 더욱 관심을 갖게 되었다. 연구소 내에 '퀀텀 윤리 위원회'를 설립하자는 제안을 했고, 다행히 박 교수와 다른 연구원들의 지지를 받아 실현되었다.

위원회의 첫 회의에서 우리는 퀀텀 드림 기술의 사용 지침을 만들기 시작했다. 개인의 프라이버시 보호, 데이터 보안, 그리고 기술의 오용 방지 등 다양한 측면을 고려해야 했다.

"꿈 데이터는 절대 본인 동의 없이 공유되어서는 안 됩니다"

"동의합니다,"

"하지만 의료 목적으로 사용될 때는 어떻게 해야 할까요? 예를 들어 심리 치료에 이용된다면?"

이런 식의 토론이 며칠간 계속되었고, 우리는 점차 합의점을 찾아갔다. 그 과정에서 기술 발전과 윤리적 고려 사이의 균형을 잡는 것이 얼마나 어려운 일인지 깨달았다.

한편, 퀀텀 드림 프로젝트는 계속해서 발전했다. 우리는 이 기술을 이용해 PTSD 환자들의 트라우마를 치료하는 데 성공했고, 창작자들의 창의성을 증진시키는 프로그램도 개발했다.

그러던 어느 날, 예상치 못한 사건이 발생했다. 우리 연구소의 데이터 일부가 해킹을 당한 것이다. 다행히 중요한 정보들은 안전했지만, 일부 테스트 데이터가 유출되었다.

이 사건은 우리에게 큰 충격을 주었다. 퀀텀 암호화 기술을 사용했음에도 불구하고 해킹이 일어났다는 사실에 당황했다.

"이건 단순한 해킹이 아닙니다," 보안팀장이 보고했다.

"해커들도 퀀텀 기술을 이용한 것 같아요."

이 사건을 계기로 우리는 보안 시스템을 전면 재검토하기 시작했다. 동시에 퀀텀 기술의 양면성에 대해 다시 한번 깊이 생각하게 되었다.

"우리가 만든 기술이 오용될 수 있다는 걸
항상 명심해야 해요."

"더 강력한 기술을 만들수록,
그에 따른 책임도 커진다는 걸 잊지 맙시다."

이 사건 이후 나는 퀀텀 보안 기술 연구에도 참여하게 되었다. 해킹 사건을 계기로 퀀텀 기술의 또 다른 측면을 배우게 된 것이다.

시간이 흐르면서 점점 더 이 분야의 전문가로 성장해갔다. 학회에서 발표도 하고, 논문도 쓰기 시작했다. 퀀텀 기술의 발전과 그에 따른 윤리적 문제에 대해 대중 강연을 하기도 했다.

어느 날 저녁, 연구소 옥상에서 별을 보며 박 교수와 이야기를 나누고 있었다.

"다혜야, 넌 이 기술이 우리를 어디로 이끌어갈 거라고 생각하니?"

"확실하진 않지만, 한 가지는 알겠어요. 우리는 지금 인류 역사상 가장 흥미진진한 시대를 살고 있다는 거요. 그리고 우리에겐 이 힘을 올바르게 사용해야 할 책임이 있다는 것도요."

"그래, 네 말이 맞아.
우리의 여정은 이제 겨우 시작이란다."

11 유전자 혁명, 윤리가 답하다

서울대학교 생명과학부 대학원에서 유전공학을 전공하는 박은빈(25)은 연구실 컴퓨터 앞에 앉아 한숨을 내쉬었다. 모니터에는 그녀의 최근 실험 데이터가 가득했지만, 원하는 결과는 보이지 않았다. 창밖으로는 늦은 봄의 따스한 햇살이 비치고 있었지만, 은빈의 마음은 그리 밝지 않았다.

'역시 쉽지 않네'

은빈의 연구 주제는 유전자 편집 기술을 이용한 근육 강화였다. 하지만 공식적인 연구 과제로는 진행하기 어려워 개인적으로 실험을 진행하고 있었다.

그녀는 마우스를 클릭하며 데이터를 다시 한번 훑어보았다. 근육 세포의 유전자 발현 패턴이 예상과는 달랐다.

동기 도윤이 커피 잔을 들고 다가왔다. 그는 은빈의 모니터를 힐끗 보더니 물었다.

"또 실패야?"

"응. 근육 세포에서 원하는 유전자 발현을 유도하는 게 생각보다 어려워. CRISPR(사람 유전체에 완전히 새로운 DNA 절편이나 유전자 전체를 삽입하여 기존의 유전정보를 다른 것으로 바꾸기 위한 기술)가이드 RNA 설계부터 다시 해봐야 할 것 같아."

"너 혹시…, DIY(Do It Yourself) 바이오해킹 하는 거 아니지? 요즘 들어 연구실에 늦게까지 남아있는 것 같던데."

"음, 그냥 호기심으로 해보는 거야. 걱정 마. 안전하게 하고 있어."

"조심해. 그거 위험할 수 있어. 윤리위원회 승인도 없이 그런 실험을 하다가 걸리면 큰일 날 거야."

은빈은 도윤의 말에 일리가 있다는 것을 알았지만, 그녀의 호기심과 열정을 누르기는 힘들었다.

"알아, 도윤아. 하지만 이게 미래야. 우리가 직접 우리 유전자를 개선할 수 있다면, 얼마나 많은 질병을 예방하고 더 나은 삶을 살 수 있을까?"

"그래도 조심해. 네가 걱정돼서 그래."

은빈은 도윤의 걱정을 뒤로하고 다시 실험 데이터에 집중했다. 점심시간이 다가오자 그녀는 잠시 하던 일을 멈추고 도시락을 꺼냈다. 연구실 냉장고에서 보관해둔 김밥을 꺼내 먹으며, 은빈은 휴대폰으로 최신 유전자 편집 기술에 관한 뉴스를 찾아보았다.

그날 저녁, 은빈은 자신의 원룸에서 작은 실험실을 차렸다. 방 한쪽 구석에 있는 책상은 이제 각종 실험 도구들로 가득했다. 온라인으로 구입한 DIY CRISPR 키트, 피펫, 원심분리기, 그리고 작은 인큐베이터까지, 은빈은 이 모든 장비를 모으기 위해 몇 달간 아르바이트를 해야 했다.

은빈은 조심스럽게 자신의 피부 세포 샘플을 채취했다. 볼 안쪽을 면봉으로 문질러 얻은 세포들을 조심스레 배양 접시에 옮겼다. 그녀의 목표는 멜라닌 생성을 조절하는 유전자를 수정하는 것이었다.

'이게 성공하면 자외선에 대한 저항력을 높일 수 있을 거야. 어쩌면 피부암 예방에도 도움이 될지도 몰라.'

은빈은 피펫으로 조심스럽게 CRISPR-Cas9 용액을 세포에 떨어뜨렸다. 그녀의 손이 미세하게 떨렸다. 이것이 윤리적으로 옳은 일인지, 자신이 너무 위험한 일을 하고 있는 것은 아닌지 걱정은 되었다. 하지만, 과학적 호기심과 인류에 기여할 수 있다는 생각에 가슴이 마구 뛰었다.

실험은 밤늦게까지 계속되었다. 은빈은 매 단계마다 신중을 기했지만, 마음 한구석에서는 불안감이 자리잡고 있었다. 만약 이 실험이 예상치 못한 결과를 낳는다면? 그녀는 고개를 저으며 그런 생각을 떨쳐냈다.

'아니야. 난 과학자야. 두려워하지 말고 계속 나아가야 해.'

새벽 2시, 은빈은 마지막 단계를 마치고 세포를 인큐베이터에 넣었다. 이제 결과를 기다리는 일만 남았다. 그녀는 피곤에 지친 몸을 침대에 던졌다. 눈을 감으면서도 그녀의 머릿속에는 실험 과정이 계속 반복되고 있었다.

다음 날 아침, 은빈은 피곤한 눈을 비비며 연구실로 향했다. 밤새 실험을 한 탓에 눈 밑에는 다크서클이 짙게 내려앉아 있었다. 연구실에 도착하자 그녀의 지도교수인 김 교수가 그녀를 불렀다.

"은빈아, 요즘 연구 어떻게 돼가? 얼굴색이 안 좋아 보이는 구나."

은빈은 순간 긴장했다. '나의 개인 실험에 대해 알고 있는 걸까?'

"아, 네. 계속 진행 중입니다. 아직 큰 진전은 없지만요. 어제 좀 늦게까지 공부하느라 피곤해 보이나 봐요."

"연구는 시간이 필요해. 너무 조급해하지 마. 그리고 혹시 개인적으로 하고 있는 실험이 있다면 조심해. 윤리위원회 승인 없이 진행하다간 큰 문제가 될 수 있어."

은빈은 가슴이 덜컥 내려앉는 것을 느꼈다. 김 교수가 무언가를 눈치챈 걸까. 아니면 그냥 일반적인 조언일 뿐일까?

"네, 알겠습니다. 조심하겠습니다."

김 교수는 잠시 은빈을 바라보다가 말을 이었다. "요즘 바이오해킹이 화제더구나. 너도 들어봤니?"

"네, 들어봤어요. 흥미로운 주제인 것 같아요."

"흥미롭지만 위험해. 과학의 발전은 중요하지만, 그에 따른 윤리적 책임도 막중하단다. 우리가 할 수 있다고 해서 모든 것을 해야 하는 건 아니야."

"네, 교수님 말씀 명심하겠습니다."

김 교수와의 대화 후, 은빈은 복잡한 마음으로 자신의 자리로 돌아왔다. 그녀의 연구가 과연 옳은 길을 가고 있는 것인지 의문이 들었다. 하지만 동시에 그녀의 실험이 성공한다면 인류에게 큰 도움이 될 수 있다는 확신도 있었다.

그날 오후, 은빈은 연구실에서 공식적인 실험을 진행하면서도 계속해서 자신의 개인 실험 결과가 궁금해 안절부절못했다. 퇴근 시간이 되자마자 그녀는 서둘러 집으로 향했다.

집에 도착한 은빈은 곧바로 인큐베이터를 열어 세포를 확인했다. 현미경으로 세포를 관찰하면서 그녀의 심장은 빠르게 뛰기 시작했다.

'이건, 성공인가?'

세포의 모습이 미세하게 변화한 것 같았다. 은빈은 흥분된 마음으로 즉시 유전자 분석을 시작했다. 결과를 기다리는 동안 그녀는 방안을 서성거렸다.

그날 저녁, 은빈은 온라인 바이오해커 커뮤니티에 접속했다. 이곳에서 그녀는 전 세계의 DIY 생물학자들과 정보를 교환하고 있었다. 익명성이 보장된 이 공간에서 은빈은 자신의 실험에 대해 더 자유롭게 이야기할 수 있었다.

"여러분, CRISPR로 멜라닌 생성 유전자를 수정하는 실험을 하고 있는데 조언 좀 부탁드려요. 초기 결과가 나왔는데, 해석하는 데 도움이 필요해요."

채팅창에 다양한 반응이 올라왔다.

"와, 대단해요! 어떤 방법을 사용하고 계신가요?"

"저도 비슷한 실험을 해봤어요. 부작용 주의하세요. 제 경우엔 예상치 못한 색소 침착이 일어났어요."

"그런 실험 정말 안전한가요? 법적 문제는 없나요?"

은빈은 망설이다가 자신의 실험 방법과 초기 결과를 조심스레 공유했다. 그러다 한 사용자의 댓글이 그녀의 눈길을 끌었다.

"실험 결과를 공유하는 건 좋지만, 더 신중해야 해요. 잘못하면 큰 문제가 될 수 있어요. 당신의 신원이 노출될 수도 있고, 법적 문제에 휘말릴 수도 있어요."

은빈은 그제서야 자신의 행동이 얼마나 위험할 수 있는지 깨달았다. 그녀는 급히 게시물을 삭제하고 로그아웃했다.

다음 날, 은빈은 연구실에서 도윤과 점심을 먹으며 고민을 털어놓기로 했다. 그녀는 더 이상 혼자 이 비밀을 감당하기 힘들었다.

"도윤아, 사실… 나 며칠 전부터 개인적으로 바이오해킹 실험을 하고 있어."

"뭐, 진짜로, 어떤 실험인데?"

은빈은 자신의 멜라닌 유전자 편집 실험에 대해 상세히 설명했다. 실험 과정, 사용한 도구들, 그리고 초기 결과까지. 도윤은 한동안 말없이 듣다가 "은빈아, 그거 위험할 수 있어. 네의도는 이해하지만, 예상치 못한 부작용이 있을 수 있잖아. 게다가 윤리위원회 승인도 없이 그런 실험을 하면 학위는커녕 법적 문제까지 생길 수 있어."

"나도 알아. 하지만 이게 미래야, 도윤아. 우리가 직접 우리유전자를 개선할 수 있다면, 얼마나 많은 질병을 예방하고 더나은 삶을 살 수 있을까? 내가 하는 실험이 그 첫 걸음이 될 수 있어."

"음… , 네 말도 일리는 있어. 하지만 그게 과연 윤리적으로옳은 걸까? 우리가 자연의 섭리를 거스르는 건 아닐까? 그리고만약 이 기술이 오남용된다면 유전자 조작된 인간들로 가득한디스토피아 세상이 올 수도 있잖아."

은빈은 깊은 생각에 빠졌다. 그녀는 자신의 연구가 가져올수 있는 긍정적인 영향만을 생각했지, 그것이 초래할 수 있는윤리적 문제나 사회적 영향에 대해서는 깊이 고민하지 않았다.

"네 말이 맞아, 도윤아. 내가 너무 성급했나 봐. 하지만 이 연구를 그만둬야 할지는 모르겠어. 어쩌면 이걸 공식적인 연구 프로젝트로 발전시킬 수 있지 않을까?"

"그게 좋겠어. 김 교수님께 상의해보는 게 어때? 물론 지금까지 한 개인 실험에 대해서는 말씀드리지 않는 게 좋겠지만, 앞으로의 연구 방향에 대해서는 조언을 구할 수 있을 거야."

"그래, 그렇게 해볼게. 고마워, 도윤아."

그날 밤, 은빈은 잠을 이루지 못했다. 그녀의 머릿속은 온통 유전자 편집의 가능성과 그것이 가져올 수 있는 위험으로 가득 찼다. 한편으로는 자신의 연구가 인류에게 큰 도움이 될 수 있다는 희망에 부풀었지만, 다른 한편 자신이 위험한 판도라의 상자를 열고 있는 건 아닌지 두려웠다.

새벽녘, 은빈은 결심했다. 지금까지의 개인 실험을 중단하고, 대신 공식적인 연구 제안서를 작성하기로 했다.

다음 날 아침, 은빈은 김 교수에게 면담을 요청했다. 마음은 여전히 불안했지만, 이것이 올바른 방향이라는 확신이 들었다.

"교수님, 시간 내주셔서 감사합니다."

"그래, 은빈아. 무슨 일이니?"

"제가 새로운 연구 주제를 생각해 봤는데요. 유전자 편집 기술을 이용한 개인의 의료에 관한 것입니다."

"오, 흥미로운데. 좀 더 자세히 말해볼래?"

은빈은 조심스럽게 자신의 아이디어를 설명했다. 물론 개인적으로 진행했던 실험에 대해서는 언급하지 않았다. 대신 유전자 편집 기술의 의료적 응용 가능성과 그에 따른 윤리적 문제들에 대해 이야기했다.

"흠, 꽤나 야심찬 주제구나. 하지만 윤리적인 문제가 많이 따를 것 같은데?"

"네, 맞습니다. 그래서 이 연구에서는 기술적인 측면뿐만 아니라 윤리적, 사회적 영향도 함께 연구하고 싶습니다."

"좋아, 은빈아. 네 아이디어가 마음에 들어. 하지만 이런 민감한 주제는 신중하게 접근해야 해. 우선 자세한 연구 계획서를 작성해봐. 그리고 윤리위원회에 제출할 서류도 준비해야 할 거야."

"네, 알겠습니다. 열심히 준비하겠습니다."

면담을 마치고 나온 은빈은 가벼운 발걸음으로 연구실로 향했다. 이제 자신의 열정을 올바른 방향으로 쏟을 수 있게 되었다는 생각에 기뻤다.

그날 저녁, 은빈은 자신의 작은 실험실을 정리했다. DIY

CRISPR 키트와 실험 도구들을 상자에 담으며, 그녀는 복잡한 감정에 휩싸였다. 한편으로는 아쉬웠지만, 다른 한편으로는 이 것이 옳은 결정이라는 확신이 들었다.

'이게 정말 옳은 걸까? 아니면 판도라의 상자를 여는 것을 포기한 걸까?'

창밖으로 보이는 수많은 빛이 반짝이는 도시의 모습이 마치 복잡한 유전자 지도처럼 보였다. 그 빛 하나하나가 모여 거대한 생명체를 이루는 것처럼, 개개인의 유전자가 모여 인류라는 거대한 퍼즐을 완성한다는 생각이 들었다.

그녀는 노트북을 열고 연구 제안서 작성을 시작했다. 제목은 '윤리적 유전자 편집기술과 개인 의료의 새로운 가능성과 도전'이었다.

타이핑을 하면서도 은빈의 마음속에는 여전히 의문이 남아있었다. 이 연구가 어떤 결과를 낳을지, 그리고 그것이 정말 인류에게 도움이 될지 아무것도 확신할 수 없었다.

하지만 그녀는 이제 혼자가 아니었다. 김 교수와 도윤, 앞으로 함께 연구할 동료들과 함께라면 올바른 방향을 찾아갈 수 있을 것이다.

은빈은 계속해서 질문하고, 탐구하고, 고민하기로 했다. 그 것이 과학자로서 이 시대를 사는 한 인간으로 그녀가 할 수 있 는 최선이었다. 밤은 깊어갔고, 은빈의 타이핑 소리는 계속되 었다.

유전자 편집 기술은 얼마나 발전할 수 있을까? 우리는 정말 자연의 섭리를 거스를 수 있을까? 그렇게 할 자격이 우리에게 있을까?

하지만 그것이 바로 과학의 본질이 아닐까? 끊임없이 질문 하고, 도전하고, 새로운 길을 모색하는 것. 은빈은 미소를 지으 며 다시 키보드 위로 손을 올렸다.

단순히 유전자를 편집하는 기술을 넘어, 그 기술이 가져올 사회적 변화와 윤리적 문제들까지 고려해야 했다.
그것은 훨씬 더 복잡하고 어려운 과제였지만, 동시에 더욱 가치있 는 연구가 될 것이다.

12 AI인간 히어로

서울, 2035년.

이민호(35)는 22층 오피스텔 창밖으로 펼쳐진 도시의 풍경을 바라보았다. 새벽녘 서울의 모습은 마치 살아 숨 쉬는 거대한 유기체 같았다. 빌딩들 사이로 흐르는 자율주행차들의 행렬은 혈관을 따라 흐르는 혈액과도 같았고, 곳곳에서 반짝이는 네온과 전광판들은 마치 뉴런의 시냅스처럼 깜빡거렸다.

민호는 왼팔을 들어 시간을 확인했다. 피부처럼 자연스러운 실리콘 덮개 아래로 섬세한 기계 장치들이 은은하게 빛나고 있었다. 5년 전 교통사고로 잃은 팔을 대체한 최첨단 바이오닉 의수였다.

"아리아, 오늘 일정 좀 알려줘."

민호의 목소리에 반응해 AI 비서 아리아가 대답했다. 그 목소리는 마치 공기 중에서 직접 들려오는 것 같았지만, 실제로는 민호의 청각 보조 장치를 통해 전달되고 있었다.

"네, 민호님. 오전 10시에 신제품 출시 회의, 오후 2시에 클라이언트 미팅이 있습니다. 그리고 저녁 7시에 여동생 수영 씨와 저녁 약속이 있습니다."

민호는 고개를 끄덕였다. 그의 눈에 장착된 AR 렌즈가 일정을 시각화하여 보여주었다.

샤워를 마치고 옷을 입는 동안 민호는 뉴스 피드를 확인했다. 그의 시야 한쪽에 떠 있는 가상 스크린에는 다양한 소식들이 흘러가고 있었다.

[세계 최초 화성 유인 탐사선 '아레스 1호' 내일 발사 예정]

[뇌-컴퓨터 인터페이스 상용화 눈앞… 윤리적 논란 여전]

[증강인간 차별 금지법 국회 통과… 사회적 갈등 해소될까]

마지막 뉴스에 민호는 잠시 발걸음을 멈추었다. 그는 자신의 왼팔을 바라보았다. 겉으로 보기에는 일반적인 팔과 다를 바 없었지만, 그 안에는 일반 인간의 능력을 훨씬 뛰어넘는 기능들이 탑재되어 있었다. 초인적인 힘, 정밀한 조작 능력, 심지어 간단한 해킹 도구까지.

'나는 과연 어디에 속하는 걸까,
인간, 기계, 아니면 그 무엇?'

이런 고민은 의수를 달게 된 이후 줄곧 그를 따라다녔다. 하지만 더 이상 생각할 겨를도 없이 AR 렌즈가 경고를 보냈다.

"민호님, 출근 시간입니다. 교통 상황을 분석한 결과, 지하철 이용을 추천드립니다."

민호는 한숨을 쉬며 집을 나섰다. 현관문을 나서는 순간 집 안의 모든 전자기기가 자동으로 절전 모드로 전환되었다.

지하철역으로 가는 길에 민호는 주변의 풍경을 둘러보았다. 거리는 인간과 로봇이 뒤섞여 분주히 오가고 있었다. 배달 로봇들이 바쁘게 움직이고, 청소 로봇들이 거리를 깨끗이 청소하고 있었다. 사람들 중 상당수가 민호처럼 어딘가 증강된 모습이었다. 누군가는 의수를, 또 다른 이는 외골격 로봇을 착용하고 있었다.

지하철를 탄 민호는 자리에 앉아 눈을 감았다. 그의 AR렌즈가 자동으로 뉴스 피드를 재생하기 시작했다.

"최근 증강인간을 타깃으로 한 범죄가 급증하고 있어 사회적 문제가 되고 있습니다. 이른바 '바이오 해커'들이 증강된 신체 부위를 노리는 사례가 빈번히 발생하고 있는데… ."

민호는 찡그린 얼굴로 뉴스를 껐다. 자신도 언제 그런 범죄의 타깃이 될지 모른다는 불안감이 엄습해왔다.

회사에 도착한 민호는 곧바로 회의실로 향했다. 신제품 출시 회의가 시작되자 자신의 의수를 이용해 홀로그램 프레젠테이션을 조작했다.

"이번 신제품은 기존의 한계를 뛰어넘은
혁신적인 디자인입니다.
인체공학적 설계로 사용자의 피로도를 30%이상 감소시켰으며…."

회의가 끝나고 점심시간에 민호는 회사 근처 공원으로 나왔다. 벤치에 앉아 도시락을 먹으며 잠시 여유를 즐겼다. 그때 그의 의수가 미세하게 진동했다. 공기 중 이상 물질을 감지한 것이다.

민호가 주변을 살피던 그때, 갑자기 강 건너편에서 큰 폭발음과 함께 연기가 피어올랐다. 순식간에 주변이 소란스러웠다.

"아리아, 저게 뭐지?"

"민호님, 강 건너편 화학 공장에서 폭발 사고가 일어난 것으로 보입니다. 유독 가스가 유출되고 있어요. 즉시 대피하셔야 합니다."

하지만 민호는 그 자리에 못박힌 듯 서있었다. 그의 시야에 많은 사람들이 패닉 상태에 빠져 우왕좌왕하는 모습이 들어왔다. 특히 노약자들과 어린 아이들이 위험해 보였다.

"내가 도와야 해."

민호는 본능적으로 사람들 쪽으로 달려갔다. 그의 의수에 내장된 환경 센서가 실시간으로 대기 상태를 분석하기 시작했고, AR렌즈는 최적의 대피 경로를 계산해 보여주었다.

"여러분, 이쪽으로 오세요! 안전한 곳으로 안내하겠습니다!"

처음에는 몇몇 사람들만 민호를 따랐지만, 점점 더 많은 사람들이 그의 지시를 따르기 시작했다. 민호의 의수는 놀라운 능력을 발휘했다. 강력한 팬을 작동시켜 유독 가스를 밀어내고, 정화 필터를 통해 주변의 공기를 정화했다.

"아리아, 구조대에 현재 상황 전달해. 그리고 추가 대피 경로 계산해줘."

민호는 계속해서 사람들을 안내했다. 그의 증강된 힘은 노약자들을 돕는 데 유용했고, 내장된 응급 처치 키트는 간단한 부상을 치료하는 데 사용되었다.

한 시간이 지나고 구조대가 도착했을 때, 민호는 이미 수백 명의 사람들을 안전하게 대피시킨 후였다. 그의 옷은 땀과 먼지로 범벅이 되었고, 의수의 배터리는 거의 방전 상태였다.

"민호 씨, 정말 감사합니다. 당신이 아니었다면 많은 사상자가 발생했을 거예요."

구조대장이 감사의 인사를 전했다. 민호는 겸연쩍은 듯 고개를 저었다.

"아닙니다. 당연히 해야 할 일을 했을 뿐이에요."

집으로 돌아가는 길에 민호는 자신이 한 일을 다시 생각해 보았다. 그동안 자신의 증강된 신체에 대해 불편함과 의문을 가졌었다. 하지만 오늘 그 능력으로 많은 사람들을 도울 수 있었다.

'어쩌면 이것이 내가 이런 몸을 갖게 된 이유일지도 몰라.'

다음 날 아침, 민호는 자신이 온라인에서 화제의 인물이 되어 있음을 알게 되었다. '사이보그 히어로'라는 제목의 영상이 바이럴하게 퍼지고 있었다. 영상 속에는 민호는 사람들을 구하는 모습이 담겨 있었다. 회사에 출근한 민호는 모든 동료들의 시선을 한 몸에 받았다.

"민호 씨, 대단해요! 진짜 히어로네요!"

"TV에서 봤어요. 정말 자랑스러워요!"

동료들의 축하를 받으며 민호는 어색하게 웃었다. 하지만 그의 마음 한구석에는 불안감이 자리 잡고 있었다. 자신의 능력이 세상에 알려진 것에 대한 두려움이었다.

점심 시간에 한 남자가 민호에게 다가왔다.

"안녕하세요, 민호 씨, 저는 테크노 솔루션의 김 대표입니다. 민호 씨의 활약을 보고 정말 감명 받았습니다. 우리 회사에서 개발 중인 새로운 바이오닉 기술에 대해 의견을 듣고 싶은데, 시간 좀 내주실 수 있을까요?"

민호는 잠시 고민했다. 그는 자신의 능력이 다른 이들을 돕는 데 쓰일 수 있다는 사실에 기뻤지만, 이 기술이 악용될 가능성도 염려되었다.

"좋습니다. 하지만 한 가지 조건이 있어요. 이 기술은 반드시 사람을 돕는 데에만 사용되어야 합니다."

그날 저녁, 민호는 여동생 수영과 약속을 지키기 위해 식당으로 향했다. 수영은 이미 도착해 있었다.

"오빠! 여기야!"

수영은 활짝 웃으며 손을 흔들었다. 민호는 여동생을 보자 너무 기뻤다.

"수영아, 보고 싶었어."

"오빠, 대단해! 뉴스에서 봤어. 진짜 히어로네?"

"그냥 우연히 그렇게 된 거야. 그보다 너는 어떻게 지냈어. 학교는 괜찮아?"

"응, 잘 지내고 있어. 그런데 오빠, 솔직히 좀 걱정돼. 오빠가 유명해지면 위험해질 수도 있잖아."

"나도 그 생각을 안 한건 아니야. 하지만 내가 가진 이 능력으로 사람들을 도울 수 있다면, 그 정도 위험은 감수할 만하지 않을까?"

식사를 하는 동안 두 사람은 이런저런 이야기를 나누었다. 하지만 대화의 주제는 자꾸만 민호는 새로운 '영웅' 지위로 돌아갔다.

"오빠, 앞으로 어떻게 할 거야? 회사는 계속 다닐 거야?"

"아직 확실하진 않아. 테크노 솔루션이라는 회사에서 제안
이 들어왔는데, 거기서 새로운 바이오닉 기술 개발에 참여해
달라고 하더라고."

"와, 그렇게 되면 오빠가 진짜 슈퍼히어로로
되는 거 아니야?"

"그건 아니지. 그저 더 많은 사람들을 도울 수 있는 기술을
만드는 거야."

식사를 마치고 집으로 돌아가는 길에 민호는 문득 뒤에서
누군가 자신을 따라오는 것 같은 기분이 들었다. 그는 의수의
센서를 최대로 가동시켰다.

틀림없었다. 누군가가 그를 미행하고 있었다. 민호는 평소
와 다른 길로 접어들었다. 한적한 골목길로 들어서자마자 갑자

기 걸음을 멈추고 뒤를 돌아봤다.

"누구십니까? 왜 저를 따라오시는 거죠?"

어둠 속에서 검은 옷을 입은 남자가 나타났다. 남자의 얼굴은 마스크로 가려져 있었다.

"박민호 씨, 당신의 능력이 필요합니다."

"무슨 말씀이신지… "

남자는 천천히 마스크를 벗었다. 순간 민호는 놀라움을 감출 수 없었다. 그 얼굴은 뉴스에서 본 적 있는 국가정보원 고위 관계자였다.

"저는 국정원 특수작전팀의 김 과장입니다. 민호 씨, 국가에 도움이 필요합니다."

"무슨…, 무슨 말씀이시죠?"

"최근 북한에서 개발한 것으로 추정되는 신형 바이오 무기에 대한 정보를 입수했습니다. 이 무기는 인체의 신경계를 교란시켜 대규모 혼란을 야기할 수 있습니다. 우리는 이 정보의 진위를 확인하고, 가능하다면 무기를 무력화해야 합니다."

"그래서 저더러 북한에 가서 스파이 활동을 하라는 겁니까? 제가 요원도 아닌데 말이죠."

"직접 북한에 가실 필요는 없습니다. 우리는 당신의 바이오닉 기술과 해킹 능력이 필요합니다. 이 작전은 원격으로 진행

될 예정입니다."

민호의 머릿속에는 수많은 생각들이 교차했다. 국가를 위해 자신의 능력을 사용하는 것이 옳은 일일까? 아니면 이것은 그저 또 다른 형태의 전쟁에 불과한 것일까?

"시간을 주십시오. 생각할 시간이 필요합니다."

"알겠습니다. 하지만 시간이 많지 않다는 점 기억해 주십시오. 이틀 후 같은 시간, 같은 장소에서 뵙겠습니다."

김 과장이 사라진 후, 민호는 한동안 그 자리에 서 있었다. 그의 마음 속에는 혼란과 두려움, 책임감이 뒤섞여 있었다.

집으로 돌아온 민호는 깊은 생각에 잠겼다. 그는 자신의 능력이 이렇게 큰 일에 사용될 줄은 꿈에도 생각하지 못했다. 한편으로는 국가를 위해 중요한 일을 할 수 있다는 사실에 가슴이 뛰었지만, 한편으로는 이 일이 가져올 수 있는 위험과 책임에 두려움을 느꼈다.

"아리아, 내가 지금 뭘 해야 할까?"

"민호님, 이는 매우 복잡한 윤리적 문제입니다. 제가 드릴 수 있는 조언은 당신의 양심에 따라 결정하라는 것뿐입니다."

민호는 한숨을 쉬었다. 창밖으로 보이는 서울의 밤은 반짝이는 불빛들 사이로 수많은 사람들의 일상이 펼쳐지고 있었다.

다음 날, 민호는 평소와 다름없이 회사에 출근했다. 하지만 그의 마음은 여전히 혼란스러웠다. 점심 시간, 그는 테크노 솔루션의 김 대표와 약속한 미팅을 가졌다.

"민호 씨, 우리 회사의 새로운 프로젝트를 설명드리겠습니다."

김 대표는 열정적으로 새로운 바이오닉 기술에 대해 설명했다. 그것은 민호의 현재 의수보다 훨씬 더 발전된 형태였다. 더 강력한 힘, 더 정교한 조작 능력, 더 높은 수준의 신경 연결성을 자랑했다.

"이 기술을 이용하면 민호 씨의 능력이 훨씬 더 향상될 겁니다. 더 많은 사람들을 도울 수 있게 되겠죠."

민호는 김 대표의 설명을 들으며 고개를 끄덕였다. 하지만 그의 머릿속에는 국정원 김 과장의 제안이 맴돌고 있었다.

"김 대표님, 만약 이 기술이 군사적 목적으로 사용된다면 어떨까요?"

"무슨 뜻이신가요?"

"이런 고급 기술이 전쟁이나 테러에 악용될 가능성은 없을까요?"

"물론 그런 가능성을 배제할 순 없겠죠. 하지만 우리 회사는 철저한 윤리 지침을 가지고 있습니다. 우리의 기술은 오직 평화적이고 인도주의적인 목적으로만 사용될 겁니다."

민호는 고개를 끄덕였지만, 그의 마음속 의문은 여전히 남아 있었다. 그날 저녁, 민호는 여동생 수영에게 전화를 걸었다.

"수영아, 나 지금 큰 결정을 앞두고 있어."

"무슨 일이야, 오빠?"

민호는 잠시 망설이다가 국정원의 제안에 대해 간략히 설명했다. 물론 세부적인 내용은 밝힐 수 없었지만, 대략적인 상황은 전달했다.

"오빠, 내 생각에는…, 오빠가 옳다고 생각하는 일을 했으면 좋겠어. 오빠의 능력으로 많은 사람들을 지킬 수 있다면, 그건 정말 의미 있는 일이 될 거야."

"고마워, 수영아."

전화를 끊은 후, 민호는 결심했다. 그는 국정원의 제안을 받아들이기로 했다. 하지만 동시에 그는 이 일이 순수하게 방어적인 목적으로만 사용되도록 최선을 다하기로 했다. 이틀 후, 약속한 시간에 김 과장을 다시 만났다.

"결정하셨습니까?"

"네, 하겠습니다. 하지만 제 능력은 오직 우리 국민을 보호하는 데에만 사용되어야 합니다. 공격적인 목적으로는 절대 사용하지 않겠습니다."

"당연합니다. 우리도 그렇게 생각합니다."

그날부터 민호의 새로운 삶이 시작되었다. 낮에는 평범한 회사원으로, 밤에는 비밀 요원으로 활동하는 이중생활, 그는 자신의 바이오닉 기술과 해킹 능력을 이용해 북한의 바이오 무기 개발 정보를 수집하고 분석했다.

작전은 순조롭게 진행되는 듯했다. 민호는 북한의 비밀 서버에 접근하여 중요한 정보들을 입수했다. 하지만 그 과정에서 그는 충격적인 사실을 알게 되었다.

북한의 바이오 무기는 실제로 공격용이었고, 남한과 미국이 방어용 바이오 무기를 개발하고 있다는 정보를 발견한 것이다. 민호는 그러리라고 생각은 했지만 실상을 알게 되니까 너무 당황스러워졌다. "아리아, 이게 다 무슨 의미가 있는 걸까?"

"민호님,

세상은 우리가 생각하는 것보다 훨씬 더 복잡합니다. 때로는 우리가 믿는 진실이 사실은 일부에 불과할 수 있습니다."

민호는 깊은 고민 끝에 결단을 내렸다. 그는 이 정보를 언론에 공개하기로 했다. 비록 결과가 어떨지 알 수 없었지만, 이것이 그가 할 수 있는 가장 옳은 일이라고 믿었다. 때론 옳은 사실이 색깔론으로 뒤집혀버리고 그래서 국가가 더 큰 위험에 처할 수 있다는 사실이 세상에 공개되자 발칵 뒤집혔다. 북한은 역시 모르쇠로 일관했지만, 민호가 제공한 증거는 너무나 명확했다.

결과적으로 이 사건은 남북 관계를 더 꽁꽁 얼어붙게 만든 계기는 되었지만 명백한 진실앞에 세상을 속일 수는 없는 일이었다. 민호는 이 모든 과정에서 자신의 정체를 숨겼다. 하지만 그의 내면에서는 큰 변화가 일어났다. 그는 이제 단순히 영웅이 되는 것보다, 진실을 추구하고 더러운 평화를 위해 노력하는 것보다 국민과 국가를 반드시 지켜야 된다는 것이 어떤 의미인지 깨닫게 되었다.

사건이 마무리되고 몇 주가 지났을 때, 민호는 테크노 솔루션의 김 대표로부터 다시 연락을 받았다.

"민호 씨, 우리 회사의 새 프로젝트에 참여해 주셨으면 합니다. 이번에는 의료용 나노봇 기술을 개발하려고 해요. 당신의 경험과 지식이 큰 도움이 될 거예요."

민호는 잠시 생각에 잠겼다. 그는 이제 기술의 양면성을 깊이 이해하고 있었다.

어떤 기술도 그 자체로 선하거나 악한 것이 아니라,

그것을 사용하는 사람의 의도에 따라 결과가 달라진다는 것을.

"김 대표님, 그 프로젝트에 참여하고 싶습니다. 하지만 한 가지 조건이 있습니다."

"무엇인가요?"

"이 기술이 절대로 무기화되지 않도록 하는 안전장치를 마련해야 합니다. 그리고 개발 과정을 가능한 한 투명하게 공개해야 합니다."

"좋습니다. 당신의 제안을 받아들이겠습니다."

렇게 민호는 새로운 도전을 시작했다. 그의 목표는 이제 단순히 첨단 기술을 개발하는 것이 아니라, 그 기술이 올바르게 사용되도록 하는 것이었다.

몇 달 후, 민호와 그의 팀은 획기적인 성과를 이뤄냈다. 그들이 개발한 의료용 나노봇은 인체 내부의 질병을 효과적으로 진단하고 치료할 수 있었다. 이 기술은 특히 난치병 환자들에게 새로운 희망을 주었다.

기술 발표회 날, 민호는 무대에 올랐다.

"우리가 개발한 이 나노봇 기술은 많은 생명을 구할 수 있습니다. 하지만 동시에 우리는 이 기술이 잘못 사용될 경우의 위험성도 인지하고 있습니다. 그래서 우리는 이 기술의 사용에 대한 엄격한 윤리 지침을 마련했습니다."

청중들은 민호의 말에 깊은 관심을 보였다. 그의 진정성과 책임감 있는 태도가 사람들의 마음을 움직인 것이다.

발표회가 끝난 후, 한 노인이 민호에게 다가왔다. 그는 눈물을 글썽이며 민호의 손을 잡았다.

"감사합니다. 당신들이 개발한 기술 덕분에 제 손녀가 살 수 있게 되었어요. 당신은 진정한 영웅입니다."

민호는 가슴이 뭉클해졌다. 그는 이제야 진정으로 자신의 능력을 올바르게 사용하고 있다는 확신을 얻었다.

그날 밤, 민호는 오랜만에 편안한 마음으로 잠자리에 들었다. 그의 꿈속에서, 그는 더 이상 혼자가 아니었다.

수많은 사람들이 함께 손을 잡고 더 나은 미래를 향해
나아가고 있었다.

13 화성에서 보내는 편지

화성 시간으로 오후 6시, 지구 시간으로는 2047년 5월 15일 저녁이다.

나는 온실에서의 일을 마치고 기지로 돌아왔다. 우주복을 벗고 소독실을 통과하는 동안, 오늘 하루 동안 있었던 일들이 머릿속을 스쳐 지나간다. 토마토 모종에서 첫 꽃이 피어난 것, 상추 재배 구역의 습도 조절 시스템에 작은 문제가 생겼다가 해결한 것, 동료와 나눈 지구에 대한 향수 어린 대화들.

소독실을 나와 기지 내부로 들어서자 익숙한 금속성 공기가 나를 반긴다. 화성에 온 지 1년이 넘었지만, 아직도 이 냄새에는 적응이 되지 않는다. 마치 병원 냄새와 우주선 냄새가 뒤섞인 듯한 이 특유의 향이 우리가 지구가 아닌 곳에 있다는 것을 항상 상기시켜준다.

복도를 지나 공용 식당으로 갔다. 오늘의 저녁 메뉴는 건조 식품으로 만든 카레와 비타민 보충제다. 맛은 그다지 좋지 않지만, 영양가만큼은 완벽하게 계산되어 있다. 가끔 온실에서 재배한 신선한 채소가 배급될 때면 모두가 잔치라도 벌인 듯 들떠있곤 한다.

　　"오늘 온실은 어땠어, 채연?"

　　옆자리에 앉은 마이클이 물었다. 그는 기지의 시스템 엔지니어로, 나와 같은 시기에 화성에 도착했다.

　　"괜찮았어. 토마토에서 첫 꽃이 피었어."

　　"와, 정말? 곧 신선한 토마토를 먹을 수 있겠네!"

　　마이클의 눈이 반짝였다. 여기 있는 모든 사람들이 지구의 음식을 그리워한다. 특히 신선한 과일과 채소는 우리 모두의 로망이다.

　　식사를 마치고 개인 숙소로 돌아왔다. 화성 기지의 개인 공간은 매우 좁다. 2미터 × 3미터 정도의 공간에 침대와 작은 책상, 옷장이 전부다. 하지만 이 작은 공간이 화성에서 유일하게 나만의 영역이기에 소중하다.

　　책상에 앉아 노트북을 켰다. 오늘의 업무 보고서를 작성하고 내일의 일정을 확인한다. 그리고 잠시 망설이다 지구에 있는 가족에게 메시지를 보낸다. 화성과 지구 사이의 통신은 약 20분의 지연 시간이 있어 실시간 대화는 불가능하다. 그래서 우리는 주로 긴 메시지를 주고받는다.

"엄마, 아빠, 잘 지내시죠? 저는 오늘도 변함없이 잘 지내고 있어요. 오늘 온실에서 토마토 꽃이 폈어요. 아마 한 달 정도 후면 직접 재배한 토마토를 먹을 수 있을 것 같아요. 엄마가 만들어 주시던 토마토 스파게티가 생각나네요."

메시지를 보내고 나서, 창밖을 바라봤다. 해가 저물고 있었다. 화성의 황혼은 지구와는 사뭇 다르다. 붉은 하늘이 점점 어두워지면서 별들이 하나둘 모습을 드러낸다. 그중 유독 밝은 별 하나가 눈에 띈다.

지구다.

나는 잠시 그 푸른 점을 바라보며 생각에 잠겼다. 1년 전, 왜 화성행을 자원했을까? 새로운 세계에 대한 호기심, 인류 역사에 이름을 남기고 싶은 욕망, 아니면 그저 지구에서의 일상에 지쳐 도피하고 싶었던 걸까?

생각을 털어내고 일어났다. 오늘 밤에는 기지 동료들과 함께 영화를 보기로 했다. 우리는 일주일에 한번씩 지구에서 가져온 영화를 같이 본다. 오늘의 영화는 오래된 고전 「2001: 스페이스 오디세이」다.

공용 휴게실로 가다가 잠시 운동실에 들렀다. 화성의 낮은 중력에서 근육량을 유지하기 위해서는 매일 2시간 이상의 운동이 필수다. 러닝머신에 올라 30분 정도 뛰었다. 뛰는 동안 지구에서의 조깅이 그리워졌다. 푸른 하늘 아래, 바람을 가르며 달리던 그 느낌을.

운동을 마치고 휴게실에 도착하자 이미 몇몇 동료들이 와 있었다. 서로 담요를 나누어 가며 소파에 몸을 웅크리고 앉았다. 영화가 시작되고, 익숙한 우주선의 모습이 화면에 나타났다.

영화를 보는 동안 문득 우리의 상황이 영화 속 우주 비행사들과 비슷하다는 생각이 들었다. 미지의 세계를 향한 모험, 고립된 환경, 기계에 의존할 수밖에 없는 삶. 하지만 우리에겐 그들이 가지지 못한 것이 있다. 바로 '희망'이다. 우리는 이곳 화성에 새로운 삶의 터전을 만들어가고 있다.

영화가 끝나고 동료들과 잡담을 나누다 보니 어느새 취침 시간이다. 화성에서의 하루는 지구보다 39분 정도 길다. 이 작은 차이 때문에 우리의 생체 리듬이 조금씩 흐트러지곤 한다. 그래서 우리는 엄격한 수면 스케줄을 지키려 노력한다.

숙소로 돌아와 침대에 누웠다. 오늘 하루도 무사히 지나갔다. 내일은 또 어떤 일들이 기다리고 있을까? 새로운 문제가 생길까, 아니면 뜻밖의 발견이라도 있을까?

화성에서의 삶은 분명 힘들고 위험하다.

하지만 동시에 이곳에는 지구에서는 느낄 수 없었던

특별한 무언가가 있다.

어쩌면 그건 개척자로서의 자부심,

미지의 세계를 향한 끝없는 호기심?

그렇게 생각하다 잠이 들었다. 내일은 또 어떤 하루가 펼쳐질지 기대하면서.

화성에서의 372번째 밤이 깊어갔다. 기지 밖으로는 차가운 화성의 바람이 붉은 모래를 쓸고 지나갔다. 그리고 머나먼 하늘 위로, 우리의 옛 고향인 푸른 점이 작게 빛나고 있었다.

다음 날 아침, 평소보다 조금 일찍 일어났다. 오늘은 특별한 날이다. 화성 탐사 로버를 타고 기지에서 약 10킬로미터 떨어진 곳에 있는 얼음 동굴을 조사하러 가는 날이기 때문이다.

아침 식사를 하며 일정을 다시 한번 체크했다. 탐사 장비 점검, 우주복 상태 확인, 비상 통신 장치 테스트, 모든 것이 완벽해야 한다. 화성의 환경은 언제나 생명을 위협할 수 있기 때문이다.

"채연, 준비됐어?"

함께 탐사를 나갈 레이첼이 다가왔다. 그녀는 지질학자로, 이번 탐사의 책임자다.

"응, 거의 다 됐어. 잠깐만 기다려줘."

나는 서둘러 마지막 준비를 마쳤다. 그리고 우리는 함께 차고지로 향했다.

화성 탐사 로버는 지구의 자동차와는 완전히 다른 모습이다. 둥그스름한 모양에 커다란 바퀴가 달려있고, 지붕에는 태양 전지판이 설치되어 있다. 이 작은 차량이 우리의 생명줄이나 다름없다.

로버에 올라타고 에어락을 통과했다. 차량이 기지를 벗어나자 눈앞에 드넓은 화성의 풍경이 펼쳐졌다. 끝없이 이어지는 붉은 대지, 저 멀리 보이는 거대한 산들.

"매번 이 광경을 봐도 질리지가 않네." 레이첼이 감탄사를 내뱉었다.

"그러게. 여기 온 지 1년이 넘었는데도 아직도 실감이 안 나."

우리는 조용히 차를 몰았다. 중간중간 레이첼이 흥미로운 지형을 발견하면 잠시 멈춰 사진을 찍고 샘플을 채취했다.

약 2시간의 주행 끝에 우리는 목적지에 도착했다. 얼음 동굴이라고는 하지만 겉으로 보기엔 그저 평범한 동굴처럼 보였다.

"자, 이제부터 진짜 시작이야."

레이첼이 들뜬 목소리로 말했다. 우리는 조심스럽게 동굴 안으로 들어갔다. 동굴 안은 예상과는 달리 꽤 넓었다. 헤드랜턴의 빛에 반사되어 동굴 벽이 반짝거렸다.

"와, 이거 봐! 순수한 얼음이야!"

레이첼이 흥분한 목소리로 외쳤다. 그녀는 재빨리 샘플을 채취하기 시작했다.

"이 얼음 안에 화성의 과거가 고스란히 담겨 있을 거야. 어쩌면 생명체의 흔적을 발견할 수도 있어."

나는 레이첼의 작업을 돕다가 문득 동굴 깊숙한 곳을 향해 빛을 비췄다. 그 순간 숨을 멈췄다.

"레이첼, 저기 봐."

동굴 끝자락, 우리가 서 있는 곳에서 약 50미터 떨어진 곳에 무언가가 반짝였다. 그것은 분명 자연적으로 생긴 것 같지 않았다. 조심스럽게 그곳으로 다가갔다. 가까이 다가갈수록 그것의 정체가 드러났다.

"이건, 인공물이야."

레이첼의 목소리가 떨렸다. 그것은 분명 누군가가 만든 물건이었다. 작은 금속 상자 모양으로, 표면에는 이상한 문양들이 새겨져 있었다.

"이게 대체 뭐지?"

"인류가 보낸 이전 탐사선의 일부일까? 아니면…."

그녀는 말을 멈췄다. 우리는 서로를 바라보았다. 둘 다 같은 생각을 하고 있다는 걸 알 수 있었다. 만약 이것이 인류의 것이 아니라면?

"일단 본부에 연락해야 해." 내가 말했다.

우리는 서둘러 통신 장비를 켰다. 하지만 동굴 깊숙한 곳이라 그런지 신호가 잡히지 않았다.

"밖으로 나가야 할 것 같아." 레이첼이 말했다.

우리는 조심스럽게 그 물체를 담요로 감싸서 가방에 넣었다. 그리고 서둘러 동굴 입구로 향했다.

밖으로 나오자 쏟아지는 햇빛에 눈이 부셨다. 재빨리 로버로 돌아가 통신 장비를 연결했다.

"본부, 여기는 탐사팀입니다. 긴급 상황입니다."

"탐사팀, 무슨 일입니까?"

"동굴 내부에서 미확인 인공물을 발견했습니다. 인류의 이전 탐사선 잔해일 수도 있지만…, 확실하지 않습니다."

본부에서 잠시 침묵이 흘렀다. 그들도 이 상황의 중요성을 인식한 듯했다.

"알겠습니다. 즉시 기지로 귀환하십시오. 그 물체는 절대 개봉하지 마세요. 격리실에서 정밀 조사할 예정입니다."

우리는 명령에 따라 서둘러 기지로 향했다. 돌아가는 길에 레이첼과 거의 말을 하지 않았다. 각자의 생각에 빠져 있었다.

기지에 도착하자 사람들이 우리를 기다리고 있었다. 우리가 가져온 물체는 즉시 격리실로 옮겨졌고, 우리도 검역 절차를 거쳤다.

그날 밤, 기지 전체가 술렁였다. 모두가 우리가 발견한 물체에 대해 이야기했다. 추측과 가설이 난무했다.

"외계인의 유물일까?"

"그냥 옛날에 보냈던 탐사선의 일부겠지."

"혹시 화성에 원래 문명이 있었던 건 아닐까?"

나는 내 방에 누워 천장을 바라보며 생각에 잠겼다. 오늘의 발견이 무엇을 의미하는지, 그리고 이것이 우리의 화성 정착에 어떤 영향을 미칠지 궁금했다.

다음 날 아침, 기지 책임자인 김 박사가 전체 회의를 소집했다.

"여러분, 어제의 발견에 대해 지구 본부와 긴급 화상회의를 가졌습니다. 현재로서는 그 물체의 정체를 확실히 알 수 없지만, 매우 중요한 발견임은 분명합니다. 앞으로 몇 주간 이 물체에 대한 정밀 조사가 진행될 예정입니다. 그동안 여러분들은 평소처럼 각자의 임무에 충실해 주시기 바랍니다. 그리고 이 일에 대해서는 보안을 유지해 주십시오. 아직 지구의 대중들에게 알리기에는 이르다고 판단됩니다."

회의가 끝나고 나오면서 내 감정이 복잡했다. 이런 중요한 발견에 참여했다는 자부심도 있었지만, 불안감도 있었다.

이 발견이 우리의 화성 생활을 어떻게 바꿀까?

그날부터 기지의 분위기가 미묘하게 변했다. 모두가 평소처럼 행동하려고 노력했지만, 어딘가 긴장감이 감돌았다. 특히 격리실 주변은 항상 경비가 삼엄했다.

나는 평소처럼 온실 일을 계속했다. 하지만 일하는 내내 머릿속에서는 그 물체에 대한 생각이 떠나지 않았다. 일주일이 지나고, 김 박사가 다시 전체 회의를 소집했다.

"여러분, 조사 결과를 말씀드리겠습니다."

모두의 시선이 김 박사에게 집중됐다.

"발견된 물체는 인류의 것이 아닙니다."

회의실에 숨죽인 탄성이 흘렀다.

"하지만 외계인의 것도 아닙니다. 현재로서는 화성의 고대 문명 유물일 가능성이 가장 높다고 판단됩니다."

김 박사의 말에 모두가 충격을 받은 듯했다.

"물론 아직 확실한 것은 아닙니다. 더 많은 조사와 연구가 필요합니다. 하지만 이 발견으로 인해 우리의 화성 탐사와 정착 계획에 큰 변화가 있을 것 같습니다."

회의가 끝나고 내 방으로 돌아왔다. 창밖으로 보이는 화성의 풍경이 어제와 같아 보이면서도 전혀 다르게 느껴졌다.

이제 우리는 단순한 개척자가 아니라 고대 문명의 흔적을 찾는 탐험가가 된 것 같았다.

앞으로 우리의 화성 생활은 어떻게 변할까?

더 많은 발견이 있을까?

나는 침대에 누워 생각에 잠겼다. 화성에서의 삶은 언제나 예측불가능했지만, 이제는 그 어느 때보다도 흥미진진해질 것 같았다.

창밖으로 화성의 붉은 모래가 바람에 날렸다. 어딘가에 묻혀있을 또 다른 비밀들을 품은 채로.

다음 날 아침, 평소보다 일찍 일어났다. 온실로 향하는 길에 격리실 앞을 지나갔다. 여전히 경비가 삼엄했지만, 이제는 그들의 표정에서 긴장감 대신 호기심이 느껴졌다. 온실에 도착하자 동료인 마이클이 반갑게 맞아주었다.

"채연, 들었어? 오늘부터 우리 일정이 좀 바뀐대."

"응, 무슨 일이야?"

"김 박사님이 온실 일부를 개조해서 그 물체를 연구하는 공간으로 만들 거래. 우리가 재배하는 식물들이 그 물체에 어떤 영향을 받는지 관찰하고 싶대."

"정말, 그럼 우리 일도 바뀌는 거야?"

"응, 우리도 그 연구에 참여하게 될 거야. 식물 관리뿐만 아니라 데이터 수집도 해야 한대."

그날부터 우리의 일상은 조금씩 변해갔다. 온실의 한쪽에 특별한 공간이 만들어졌고, 그곳에는 발견된 물체의 복제품이 놓여있었고 엄격하게 관리되고 있었다.

우리는 매일 이 물체 주변의 식물들을 관찰하고 데이터를 기록했다. 처음에는 특별한 변화가 없었지만, 시간이 지나면서 조금씩 이상한 점들이 눈에 띄기 시작했다.

"채연, 이것 좀 봐."

마이클이 나를 불렀다. 물체 근처에 있던 토마토 모종이 다른 것들보다 훨씬 빠르게 자라고 있었다. 잎도 더 크고 진한 녹색을 띠고 있었다.

"이상하네, 다른 조건은 모두 똑같은데."

우리는 이 현상을 즉시 보고했고, 연구팀은 더욱 세밀한 관찰을 시작했다. 그로부터 며칠 후, 전체 회의가 다시 열렸다. 김 박사가 입을 열었다.

"여러분, 놀라운 발견이 있었습니다. 그 물체가 주변 환경, 특히 생명체에 긍정적인 영향을 미치는 것으로 보입니다. 아직 정확한 원리는 모르지만, 일종의 '성장 촉진' 효과가 있는 것 같습니다."

회의실이 술렁였다.

"이 발견은 우리의 화성 정착 계획에 큰 도움이 될 수 있습니다. 만약 이 기술을 활용할 수 있다면, 우리는 더 빠르고 효율적으로 식량을 생산할 수 있을 것입니다."

모두가 흥분된 표정이었지만, 한 가지 의문이 들었다.

"박사님, 혹시 이 효과가 인체에도 영향을 미칠까요?"

"아직 확실하진 않습니다. 하지만 그 가능성도 배제할 수 없죠. 그래서 우리는 매우 조심스럽게 접근하고 있습니다."

회의가 끝나고 나오면서 이 발견이 우리의 미래를 어떻게 바꿀지, 그것이 과연 좋은 변화일지 의문이 들었다.

그날 밤, 나는 평소보다 오래 창밖을 바라보았다. 화성의 붉은 대지 위로 별들이 반짝이고 있었다. 우리는 이 낯선 행성에서 놀라운 것을 발견했지만, 동시에 새로운 도전에 직면하게 된 것 같았다.

다음 날부터 기지의 모든 활동이 그 물체를 중심으로 재편되기 시작했다. 연구팀은 24시간 교대로 관찰을 계속했고, 우리 온실팀은 더 다양한 식물들로 실험을 확장했다.

어느 날, 마이클이 흥분한 목소리로 나를 불렀다.
"채연, 빨리 와봐! 믿을 수 없는 일이 일어났어!"
온실로 달려가보니, 물체 근처에 있던 감자 모종이 하룻밤 사이에 거의 다 자란 감자로 변해 있었다.
"이건, 말도 안 돼."
우리는 즉시 이 사실을 보고했고, 연구팀이 급히 모여들었다. 모두가 놀라움을 금치 못했다.
"이 정도의 성장 속도라면, 우리의 식량 문제를 완전히 해결할 수 있을 거예요!"
한 연구원이 흥분해서 말했다. 하지만 나는 왠지 모를 불안감을 느꼈다. 이렇게 빠른 변화가 과연 안전할까?

그날 저녁, 기지 전체가 축제 분위기였다. 모두가 이 발견이 가져올 밝은 미래에 대해 이야기했다. 나는 조용히 내 방으로 돌아와 생각에 잠겼다.

　창밖으로 보이는 화성의 밤하늘은 여전히 아름다웠다. 하지만 이제 그 풍경이 조금 달라 보였다.

우리가 발견한 것이 정말 축복일까,

아니면 예상치 못한 재앙의 시작일까?

나는 깊은 한숨을 내쉬며 눈을 감았다. 내일은 또 어떤 변화가 우리를 기다리고 있을지, 그리고 우리는 그 변화를 어떻게 받아들여야 할지, 이 모든 생각들이 내 머릿속을 맴돌았다.

화성에서의 삶은 언제나 예측불가능했지만, 이제는 그 어느 때보다도 불확실한 미래가 우리 앞에 펼쳐져 있는 것 같았다.

다음 날 아침, 평소와 다른 분위기를 느끼며 눈을 떴다. 기지 전체가 어제의 발견으로 인해 들뜬 것 같았다. 식당으로 가는 길에 마주치는 사람들의 얼굴에 흥분과 기대감이 가득했다.

아침 식사 시간, 김 박사가 갑자기 나타났다.

"여러분, 오늘부터 우리는 새로운 단계의 실험을 시작하려 합니다." 모두의 시선이 그에게 집중됐다.

"우리는 이 물체의 효과를 인체에 적용해보기로 결정했습니다." 순간 식당이 술렁였다.

나는 놀라움을 감추지 못하고 옆자리의 마이클을 쳐다봤다. 그의 표정도 복잡해 보였다.

김 박사가 계속 말을 이었다. "물론 안전이 최우선입니다. 우리는 먼저 소량의 노출부터 시작할 것이며, 자원자를 받아 진행하려고 합니다."

그러자 갑자기 한 사람이 일어섰다. "제가 하겠습니다."

레이첼이었다. 그녀의 눈에는 결연한 의지가 보였다.

"레이첼, 정말 괜찮아?"

"누군가는 해야 하잖아. 그리고 이건 인류 역사에 남을 큰 발견이 될 거야."

그날부터 레이첼은 특별 관리 대상이 되었다. 그녀는 하루에 몇 시간씩 그 물체 근처에서 시간을 보냈고, 의료팀은 지속적으로 그녀의 상태를 체크했다.

일주일이 지났을 때, 놀라운 변화가 나타나기 시작했다. 레이첼의 체력이 눈에 띄게 좋아졌고, 그녀의 피부는 더욱 건강해 보였다. 심지어 그녀의 오래된 무릎 부상까지 빠르게 회복되고 있었다.

"믿을 수 없어요!" 레이첼이 흥분해서 말했다.

"제 몸이 20대로 돌아간 것 같아요."

이 소식은 기지 전체에 빠르게 퍼졌고, 더 많은 사람들이 실험에 참여하고 싶어했다. 하지만 김 박사는 여전히 신중한 태도를 유지했다. "아직 장기적인 효과는 알 수 없습니다. 우리는 천천히, 조심스럽게 진행해야 합니다."

그러나 시간이 지날수록 물체의 놀라운 효과는 더욱 명확해졌다. 참가자들의 건강이 극적으로 개선되었고, 심지어 노화의 징후까지 줄어들고 있었다.

한편, 온실에서는 더욱 놀라운 일들이 벌어지고 있었다. 물체 주변의 식물들은 믿을 수 없을 정도로 빠르게 자랐고, 수확량은 우리의 예상을 훨씬 뛰어넘었다.

어느 날, 마이클이 흥분해서 나에게 달려왔다.

"채연, 큰일났어! 이것 좀 봐!" 그가 가리킨 곳을 보니, 온실 한쪽 구석에서 이상한 식물이 자라고 있었다. 그것은 우리가 심은 적 없는, 화성의 토양에서 자연적으로 자라난 것 같았다.

"이게 무슨…, 화성의 식물인가?"

우리는 즉시 이 사실을 보고했고, 연구팀이 급히 모여들었다. 모두가 놀라움을 금치 못했다.

"이건 정말 대단한 발견이에요!"

"우리가 화성의 생태계를 되살리고 있는 건지도 몰라요!"

하지만 나는 여전히 불안했다. 이 모든 변화가 너무 빠르게 일어나고 있었다. 우리가 정말 이 모든 것을 통제할 수 있을까?

그날 밤, 오랜만에 지구에 있는 가족들에게 메시지를 보냈다. "엄마, 아빠. 여기서 정말 놀라운 일들이 벌어지고 있어요.

하지만 두렵기도 해요. 우리가 하고 있는 일이 정말 옳은 걸까요?"

메시지를 보내고 창밖을 바라보았다. 화성의 붉은 대지 위로 별들이 반짝이고 있었다. 그 어느 때보다 아름다워 보였지만, 더욱 신비롭고 위협적으로 느껴졌다.

우리는 이제 단순한 화성 정착민이 아니라, 새로운 세계를 만들어가는 창조자가 된 것 같았다. 그리고 책임감의 무게가 어깨를 짓누르는 것 같았다.

'과연 우리가 이 모든 것을 감당할 수 있을까?'

하지만 이제 돌이킬 수 없다는 것도 알고 있었다.

우리는 이미 새로운 길을 걷기 시작했고,

그 끝이 어디일지 아무도 알 수 없었다.

지은이 ｜ 송지성
방장혁
만든이 ｜ 정다희
만든곳 ｜ 글마당

책임 편집디자인 ｜ 하경숙
(등록 제2008-000048호)

만든날 ｜ 2024년 8월 30일
펴낸날 ｜ 2024년 9월 27일

주소 ｜ 서울시 송파구 송파대로 28길 32
전화 ｜ 02. 451. 1227
팩스 ｜02. 6280. 0077
홈페이지 ｜ www. gulmadang. com
이메일 ｜ vincent@gulmadang. com

ISBN 979-11-90244-40-4(03320)　　값 15,000원